JEAN-LÉONARD DE BOURCIER

DE MONTUREUX

PAR

LE COMTE DE LUDRE

NANCY
[IM]PRIMERIE-LIBRAIRIE DE R. VAGNER
3, RUE DU MANÈGE, 3.

1896

JEAN-LÉONARD DE BOURCIER

DE MONTUREUX

JEAN-LÉONARD DE BOURCIER

DE MONTUREUX

PAR

LE COMTE DE LUDRE

NANCY
IMPRIMERIE-LIBRAIRIE DE R. VAGNER
3, RUE DU MANÈGE, 3.

1896

Jean-Léonard de BOURCIER
DE MONTUREUX

CHAPITRE Ier

« Cent ans, bannière ; cent ans, civière », est un vieux proverbe, oublié de nos jours, mais très populaire au Moyen-Age. Il peignait dans une image pittoresque les vicissitudes des familles. L'humble civière, l'orgueilleuse bannière, portées, tour-à-tour, par des enfants de la même race, traduisaient en langage populaire le « *sic transit gloria mundi.* »

La branche de la famille à laquelle appartenait Jean-Léonard de Bourcier de Montureux, en 1600, aurait pu prendre ce dicton pour devise. Elle en était presque à la civière ; un siècle auparavant, nous disent ses mémoires particuliers, elle avait honorablement figuré à la cour du Téméraire, et au moment où elle subissait cette éclipse, les Bourcier, de la branche aînée, établis dans le Béarn, venaient, au contraire, de s'illustrer par un fait d'armes éclatant, la défense de Leucate. Une dame de Bourcier s'était mise à la tête de la garnison de cette forte, mais petite place d'armes. Son mari, maréchal de camp, avait été fait prisonnier au moment où il cherchait à rentrer dans la forteresse. On lui avait enjoint, sous peine de mort, d'envoyer l'ordre à sa femme d'ouvrir les portes. Il s'y refusait et était massacré en prison. Quant à la dame, résolue à périr ou à venger son mari, elle soutint un siège en règle, s'exposa comme un piquier, repoussa plusieurs assauts et sauva la place, qui fut enfin dégagée par le duc d'Epernon [1].

[1] Monseigneur le duc d'Aumale, dans son *Histoire des princes de Condé* (tome 3e, p. 411), a relaté cet épisode en ces termes :

« Fait prisonnier dans une sortie, Henri Bourcier « Barry de Saint-Aunez reçut des Espagnols l'ordre « d'écrire à sa femme qu'elle eût à rendre la place : Si « Leucate capitulait, le gouverneur avait la vie sauve ; « sinon, il serait mis à mort. Saint-Aunez écrivit à sa « femme, lui défendit de rendre la place, fut obéi, et passé « par les armes. Le titre de gouverneur fut déclaré

En récompense de cette admirable conduite du mari et de la femme, Henri IV donna la survivance du gouvernement de Leucate au fils de l'héroïne et du martyr.

Celui-ci se montra digne de cet héritage glorieux et soutint également un siège désespéré à Leucate.

Le petit-fils de Jean, le fils du second gouverneur, débuta vaillamment dans la vie.

A l'âge de quinze ans, sa famille le maria ; mais, huit jours après la cérémonie, on le faisait partir pour la cour, où il fut présenté au roi par M. de Montmorency, auquel il était allié. Le roi Louis XIII l'accueillit à merveille et lui dit qu'il se souvenait de l'avoir vu, tout enfant, auprès de M. de Barry [1], son père, « dont la maison

« héréditaire dans sa famille et laissé à sa femme jus-
» qu'à la majorité de son fils, qui défendit Leucate en
« 1637 et fut dégagé par Schomberg. Henri de Saint-
« Aunez, petit-fils du héros de 1589, reçut, dans cette
« journée du secours, huit à dix coups de pique ou
« d'épée. »

Cet Henri de Saint-Aunez est celui dont nous racontons plus loin l'histoire.

[1] C'était un nom de terre,

était signalée par la généreuse mort de Jean de Barry, son grand-père, et l'inouïe constance de Françoise de Cezelli, sa grand'mère. ».

On plaça le jeune gentilhomme dans la fauconnerie, on le revêtit d'une casaque bleue ; grand honneur, puisque vingt-cinq jeunes gens avaient, seuls, le droit de la porter, et comptaient le roi pour leur chef.

Aussitôt qu'il fut en âge de servir, Bourcier quitta les oiseaux et devint cornette de chevaux-légers.

Dès lors, notre cadet se consacre entièrement au métier des armes. C'est un rude et brave soldat. Le récit qu'il fait de ses premières campagnes rappelle beaucoup les débuts de Montluc. Comme ce dernier, Bourcier est un bon gentilhomme gascon, mais sans le sou, faisant toutes les fonctions de son état de soldat, toujours sur la brèche, souvent blessé, et s'attirant ainsi cette notoriété et ce respect qu'un vaillant ne manquait pas de conquérir, dans les guerres constantes de ces petites armées. Les chefs, en contact journalier avec leurs troupes, apprenaient bien vite à reconnaître et à distinguer les officiers les plus hardis et ne se refusant pas aux entreprises désespérées. Un simple capitaine pouvait alors être personnellement plus connu du roi, du cardinal, des maréchaux, que ne le serait aujourd'hui un général de brigade du ministre de la guerre. Fallait-il monter le premier à la brèche, se mettre à la tête des enfants perdus, attacher un pétard à une porte de ville, quel est celui qui sera désigné ? se demandaient les grands chefs. On discutait les mérites, on rappelait les aventures éclatantes ; et le nom de tel soldat de fortune se trouvait ainsi constamment répété au conseil de guerre. Le roi voulait connaître ces braves et ne les oubliait pas.

Bourcier fut de ce nombre : au siège de la Rochelle, on le chargea de commander vingt chevaux-légers, pour s'opposer aux premiers débarquements des Anglais. Quinze de ces hommes restèrent morts sur la place, et Bourcier revint, lui cinquième. Son cheval avait été tué sous lui ; il avait reçu trois coups de mousquet et un coup de pique dans le bras droit. Joignez à ces blessures une côte enfoncée et dix balles bossuant sa cuirasse.

De pareils soldats n'étaient pas d'humeur commode, aussi les choisissait-on volontiers pour seconds dans les duels. C'est ainsi que le marquis de Montausier, se battant contre le comte de Riverac, demanda à Bourcier d'être de la partie. L'édit sur les duels n'avait pas encore été publié, ou son exécution n'était pas aussi stricte qu'elle le devint depuis.

Notre soldat de fortune commence à être un personnage. Le roi lui confie la citadelle de Laval, puis il l'envoie au duc de Mantoue en mission. A Venise, la république lui offre le commandement de son artillerie ; mais Bourcier refuse et va rejoindre le duc de Rohan.

Bourcier avait eu le tort de ne pas se ranger du côté du cardinal de Richelieu. Or, il fallait être ou son serviteur ou son ennemi, et, pour son malheur, Bourcier choisit ce dernier parti. Sur ces entrefaites, Leucate, que commandait héréditairement M. de Bourcier, le père, fut assiégée par les Espagnols. Le gouverneur fit avertir son fils et le pria de l'aider en ce péril. On juge si pareille invitation trouva une oreille attentive. Le siège dura trente jours ; 94 pièces de gros canon battaient Leucate. La veille de la St-Michel, le maréchal de Schomberg fit lever le siège, mais après un rude combat. Bourcier, on le conçoit aisément, se trouvait dans l'armée de secours, où il commandait 1,500 hommes de pied. Inutile de parler de l'ardeur avec laquelle il combattit. Les débuts de son attaque ne furent pas heureux. Son lieutenant-colonel fut tué, et une partie de ses troupes, recrues nouvelles, s'enfuit. Bourcier se met à la tête *des enfants perdus*, quoique ce ne soit pas son poste. Il combat en désespéré, est blessé, mais il parvient enfin à mettre en fuite l'ennemi et à délivrer la place.

Après le siège, le commandant se démit de sa charge en faveur de son fils, qui l'avait si vaillamment secouru.

M. de Bourcier, le père, se rendit à la cour ; il fut vivement félicité ; on lui donna le choix entre le cordon bleu et une somme de cent mille écus. M. de Bourcier fit faire les informations qui prouvaient que sa naissance lui permettait d'être chevalier du Saint-Esprit, et, quand il eut fourni les preuves, déclara qu'il préférait l'argent,

On lui assigna la somme convenue, et le jeune Bourcier obtint la survivance du commandement de Leucate.

Que de souvenirs et de liens de toute sorte rattachent Bourcier au gouvernement de la forteresse ! Son grand-père était mort assassiné pour ne pas la livrer, sa grand-mère s'était immortalisée en vengeant son époux, son père venait de continuer glorieusement cette tradition de famille ! Aussi notre gentilhomme aurait préféré mille morts à la perte de Leucate. Ce fut cet attachement, très naturel et très honorable, qui causa sa ruine.

Louis XIII ne s'était pas borné à conserver Leucate à Bourcier, il l'avait nommé maréchal de camp et pensionné. Le jeune officier se croyait appelé à la plus brillante carrière, car il se savait connu pour un de ces vaillants soldats de fortune auxquels les missions les plus dangereuses, mais les plus honorables, étaient confiées. Il n'avait qu'à lire les Mémoires de Montluc, ce bréviaire du soldat, pour voir où pouvait conduire une semblable renommée.

Mais voilà qu'on le place sous les ordres de M. le Prince, le père du grand Condé.

Ce prince n'avait ni les qualités ni les talents de son fils pour la guerre ; il était sombre, sournois, jaloux et fort entêté. Il se montra très plat vis-à-vis du cardinal de Richelieu, mais il semble avoir été hautain avec les gentilshommes. Le caractère colère et altier de Bourcier n'était pas pour lui plaire ; une circonstance fortuite vint mettre en conflit le général en chef et son maréchal de camp.

Un certain d'Espenan, d'origine obscure, devenu, par ses intrigues et par sa facilité à accomplir les plus basses besognes, une des créatures préférées de Richelieu, servait sous les ordres de M. le Prince. Ce dernier s'était vite rendu compte de tout le parti qu'il pouvait tirer d'un homme aussi peu scrupuleux et aussi protégé par le cardinal : il en avait fait son lieutenant de prédilection.

D'Espenan avait le commandement de la ville de Salces. Cette forteresse, assiégée par les Espagnols, ne pouvait être secourue. D'Espenan sollicita auprès de M. le Prince, en échange de la situation qu'il allait perdre, la cession du gouvernement de Leucate confié à Bourcier.

Le prince n'aimait pas, de longue date, le rude capitaine. Il le fit venir et lui intima l'ordre de céder son commandement à d'Espenan. Le coup était terrible pour Bourcier. Le nom de sa famille était en quelque sorte indissolublement lié à celui de Leucate. Souvenirs glorieux, un demi-siècle de possession, la récente levée du siège faite au prix de son sang, la démission de son père en sa faveur et l'agrément du roi exprimé dans les termes les plus flatteurs, tout cela donc ne comptait pour rien ; et il fallait se trouver ruiné et deshonoré, parce qu'il plaisait à ce favori sans mérite de lui ravir son bien ! Laissons Bourcier qui s'appelait d'un nom de terre, Saint-Aunez, nous raconter, lui-même, sa fureur, son désespoir, sa résistance et les suites qui en résultèrent :

« Je dépêchai un gentilhomme à M. le Cardinal, qui était à Grenoble, et lui représentai que, prévoyant l'orage qui allait m'accabler, j'étais obligé de réclamer sa protection, en lui faisant savoir que je ne m'étais jamais écarté ni du respect que je devais à M. le Prince, ni du devoir que je devais à mon roi. Le Cardinal me répondit que je n'avais rien à craindre ; à quoi j'ajoutai foi, aussi bien qu'à une lettre de M. le Prince, qui disait n'avoir nul dessein de me nuire, à foi de Prince, ce qui m'obligea à l'aller trouver à la Palme (la paume). Dès que je fus dans sa chambre, il me dit : « Monsieur de Saint-Aunez, maintenant que nous avons perdu Salces, il faut tâcher de secourir Leucate. » Je lui répondis : « C'est, je crois, Monseigneur, ce qui ne sera pas malaisé à votre Altesse de faire, puisque j'ai l'honneur de la garder, ayant un assez bel exemple en mon père qui l'a défendue avec 180 hommes, et moi j'en ai six cents. » Il me dit : « Tenez, voici une plume, écrivez, pendant que je m'en vais ici près, ordonnez ce qui est nécessaire pour que j'y pourvoye. » Je lui dis qu'il n'y avait rien qui pressât ; il sortit, et il rentra dans sa chambre avec son capitaine et six gardes, me disant : « Monsieur de Saint-Aunez, je suis bien marri de vous dire que le roi m'a ordonné de me saisir de vous et de votre place. » Je lui dis : « Monseigneur, après m'avoir donné votre parole, que je conserve par un écrit que vous ne m'arracherez qu'avec la vie, l'un ne sera pas difficile ;

mais l'autre est si fort, qu'à moins que je ne voye des ordres très exprès du roi, vous n'en viendrez jamais à bout, et j'aurai toujours cet avantage de dire que vous m'avez manqué parole. » Il me dit : « Si vous ne me la rendez, dès ce soir, je vous ferai couper le col. » A quoi je lui répondis que quand cela serait, je ne serais pas le premier mártyr du siècle ; et que j'étais si homme d'honneur, qu'en bien faisant, je ne craignais que Dieu et le Roy. En sortant, il me dit qu'il avait des ordres.

« Quelque temps après, il revint ; et il m'apporta un ordre contrefait, m'ordonnant de lui rendre la place. Je lui dis que, quoique je fusse assez jeune, j'avais assez de connaissances pour savoir comment étaient faits les ordres ; que celui-là ne valait rien, et qu'il me traitait en dupe, puisqu'il n'avait pas fait sécher l'écriture de ce mauvais ordre. Sur quoi, il sortit et appela son capitaine des gardes, auquel il ordonna de venir me demander mon épée. Le voyant entrer, je lui dis, m'appuyant dans l'encoignure d'une fenêtre : Monsieur, on vous a dit de venir me demander mon épée. Allez lui dire que, puisque je vois que rien ne se fait par les formes, je suis d'humeur, maintenant qu'il m'a mis au désespoir, d'en user de même, et que je ne veux pas lui rendre mon épée, en protestant que si c'était en votre particulier et que vous me la demandassiez, je vous la donnerais de tout mon cœur. Vous n'ordonnerez à ces gardes de me l'ôter, attendu que je vous déclare que je suis dans la résolution de périr, en faisant périr quelqu'un, (plutôt) que de la rendre.

« M. le Prince, qui était caché derrière une porte et qui entendait tout ce dialogue, appela son capitaine des gardes et lui dit : « Laissez-le ; comme il est enragé, il ferait quelque extravagance. » Pendant ce discours M. le Prince avait envoyé à Leucate, pour savoir si on voulait rendre la place ; mais on lui dit qu'on ne connaissait que mes ordres, ce qui l'obligea pour me récriminaliser d'envoyer M. d'Argencourt prendre les postes et les passages avec des troupes, comme si c'était une place ennemie.

« La nuit s'approchant, M. le Prince m'envoya avec une escorte de deux à trois cents chevaux pour faire rendre la place, après m'avoir fait voir une instruction qui lui

2

avait été envoyée par M. le Cardinal, signée Bouteillier, le commencement de laquelle disait que, sur les avis par lui donnés à la Cour des déportements de M. de Saint-Aunez, que sa Majesté trouvait à propos, si le tout se trouvait véritable, qu'on m'arrêtât.

« Ce qu'ayant vu de mes propres yeux, je dis à M. le Prince, que cette instruction faisait bien voir le contraire de ce qu'il m'avait écrit, qu'il n'avait jamais eu la pensée de me nuire. M. le Prince me dit qu'il voulait faire pour moi plus que pour gentilhomme de France, et que j'avais tort de ne pas faire agréablement ce qu'il voulait. Je lui répondis : « Monseigneur, je fais très agréablement ce que je puis sur ce sujet de rendre Leucate, parce qu'il m'a paru, par les instructions que vous m'avez montrées, que vous avez persuadé au Roy et à M. le Cardinal qu'ils devaient me l'ôter et qu'ils le désiraient ; mais je vous déclare que je mourrai plutôt mille fois que de la rendre à autre qu'à M. Audinière, capitaine des gardes de Son Eminence, lequel se trouvait alors auprès de M. le Prince ; et, quant à ce qui est des avantages que vous voulez me procurer, je vous déclare que je ne voudrais même pas le pain, si je pouvais l'avoir par une autre voie, après l'injuste traitement que vous me faites. » Il me répondit : « Vous êtes un fou, vous devriez vous fier à moi ! »

« Le jour étant venu, je m'en allai à la place, que je fis rendre au sieur de la Audinière qui m'en fit son reçu, et, en y entrant, j'en fis sortir la garnison, et on y mit M. de Sérignan pour y commander, en attendant que M. d'Espenan sortît de Salces, auquel on donna le commandement la nuit du jour que je rendis la place. J'y couchai pour y donner ordre à mes affaires et, voyant tous mes amis dans l'affliction, je tirai à part M. de Sangla, mon allié, qui pleurait, et lui dis : « Pourquoi vous affligez-vous, puisque je suis satisfait dans l'espérance de me venger, avant qu'il soit huit jours, de l'offense qu'on a faite à ma fidélité et à mes services, et qu'on se repentira de m'avoir maltraité [1]. »

[1] Mgr le duc d'Aumale s'exprime ainsi au sujet de l'enlèvement de Leucate aux Bourcier-Barry de Saint-Aunez. (*Hist. des princes de Condé*, tome 3, p. 411, 412, 413) :

« Leucate était gouverné depuis cent ans ou plus

« C'était le 5 septembre 1639. Je m'en allai dans une maison à une lieue de Narbonne, nommée la Brelle, où tous mes amis et proches me vinrent voir pour me

« par les Barry de Saint-Aunez. En 1589, Henri de « Barry avait, pour sauver la place, sacrifié sa vie dans « des circonstances qui rappellent l'acte héroïque de « Gusman el Bueno ; le fils de ce vaillant avait victo- « rieusement défendu la même forteresse en 1637, et le « représentant de la troisième génération, Henri de « Saint-Aunez, avait alors pris une part glorieuse au « secours. Quand on vit le chef de cette famille, le vieil- « lard qui avait épuisé les derniers restes de ses forces « dans la défense de 1637, violemment arraché de sa « maison et envoyé mendier ailleurs avec la femme et « les enfants de son fils ; le fils lui-même, condamné à « mort, échappant par miracle aux ruses employées « pour le saisir et l'exécuter, errant sans pain à l'étran- « ger, le sentiment de pitié fut général.

« Saint-Aunez était accusé de rapines et de trahison. « Assurément le gouverneur d'une place située comme « Leucate, sur la frontière, entre la mer et la montagne, « était un peu forban ; ses pinasses faisaient la course, « ses enfants-perdus détroussaient les voyageurs ; il n'y « avait pas là matière à procès. Quant à l'accusation « d'intelligence avec l'ennemi, elle ne repose que sur de « vagues dénonciations ; Saint-Aunez l'a toujours re- « poussée avec indignation, et toutes les apparences « sont en sa faveur. Le choix de son successeur fut pour « le public comme un témoignage de son innocence. Il « fut remplacé par Espenan. Lorsque ce favori, qui « venait de rendre une place, reçut la dépouille de ceux « qui n'avaient jamais capitulé, on considéra que Condé « et le cardinal avaient été dupes d'une intrigue et les « Saint-Aunez victimes d'une perfidie. »

consoler. Bien éloigné d'en avoir besoin, je ne faisais que railler avec eux, leur disant que dorénavant je voulais mener une vie privée. Cependant, m'imaginant qu'après le traitement que j'avais reçu et au peu de bonne opinion qu'on avait de moi, qu'on ne me croirait pas si peu de ressentiment, je crus qu'il fallait endormir M. le Prince, pour me donner lieu de disposer mes affaires. Je lui écrivis et lui envoyai Mme de Saint-Aunez pour le prier de me donner une lettre pour M. le Cardinal, pour lui témoigner combien aveuglément j'avais obéi lorsque j'avais cru qu'il le désirait. M. le Prince m'envoya une lettre pour Son Eminence. J'envoyai voir si personne ne sortait de Narbonne à deux heures de nuit. On me rapporta que toutes choses étaient dans l'état que je désirais. Je fis fermer les portes de la maison, charger tout mon bagage et fis mettre à cheval jusqu'à mes laquais, et m'en allai avec le sieur Sangla, moi quatorzième, avec ordre que jusqu'à ce que nous serions à Salces, de tout charger, amis et ennemis ; et m'en allai passer aux portes de Narbonne, suivant le grand chemin de Leucate pour être bientôt détrompé et juger si mon dessein n'était pas soupçonné.

« Le lendemain de mon départ, il arriva ordre de la Cour de se saisir de moi, en quoi je fus obligé à M. le Cardinal quand il m'avait cru n'avoir pas l'âme assez basse pour souffrir une telle injure sans en témoigner mon ressentiment. J'arrive à la frontière de Salces le 10 novembre, où était la première vedette des Espagnols. Je leur dis mon nom et d'aller avertir le marquis de Spinola qui était leur général, qui m'envoya M. de Saint-Georges avec cinq cents chevaux pour me recevoir, ce qu'il fit en me faisant passer devant toute l'armée qui était en bataille dans leur quartier pour m'honorer, et le marquis de Mortare à la tête de la circonvallation qui, à fort peu de pas de là, me mène à M. le marquis de Spinola et au comte de Sainte-Colombe, l'un général de l'armée, et l'autre, vice-roi de Catalogne.

« Je leur fis savoir mon aventure et leur dis : que nul ne savait mieux qu'eux si j'avais desservi mon roi. Je leur demandai la permission d'écrire au roi d'Espagne, qu'ils me donnèrent et me fournirent un courrier, et j'écrivis au comte d'Olivarès, premier ministre.

« Le roi m'écrivit qu'il m'accordait sa protection, qu'il agréait mes services ; et il fut ordonné au marquis de Spinola de me compter deux mille pistoles, que je ne voulus pas recevoir, ne sachant pas le parti que je prendrais, que je voulais régler sur le bon ou mauvais traitement qu'on me ferait en France et à ma famille, qui fut de me condamner comme criminel de lèse-majesté, de m'ôter tout le bien que j'avais, et d'ôter à mon père généralement tout ce qu'il avait.

« Dès lors, je crus qu'il ne fallait plus marchander de jeter le fourreau de mon épée, et de ne l'y remettre que lorsque je pourrais espérer de trouver justice. Je déclarai à M. de Spinola que j'étais tout prêt à servir Sa Majesté Catholique, à tout ce qu'elle voudrait m'employer, pourvu que ce fût sans prendre charge. M. le comte-duc m'écrivit de la part du roi de rester au siège de Salces, pour y assister de ma personne et de mes conseils l'armée de Sa Majesté. Je répondis que, pour marque de l'obéissance que je portais à leurs ordres, je partais à l'instant avec 1,500 chevaux et 1,500 mousquetaires pour entrer en France, ce que j'exécutai avec tant de bonne fortune, que je défis tout ce qui gardait les fourrages de l'armée et brûlai tout, ce qui empêcha l'armée française de venir secourir Salces manquant de toutes choses.

« Le siège dura jusqu'en février 1640. Je m'en allai à Madrid, conduit aux dépens de Sa Majesté. A l'entrée de Madrid, je fus rencontré par l'amirante de Castille, qui me conduisit jusqu'à mon logis. Je fus visité de la part du comte-duc par un secrétaire de Las Mercédés qui m'ayant dit que je serais très bien reçu de Sa Majesté, que le comte-duc avait grande passion de me connaître, je montai en carrosse et fus à la cour où je saluai M. le comte-duc, en suite de quoi je fis ma révérence et lui racontai le mauvais traitement que j'avais reçu en France, sans avoir jamais desservi mon maître, et que je ferais tout au monde pour mériter l'honneur de sa protection et lui montrai les lettres que m'avaient écrites M. le Cardinal et M. le Prince. lesquelles il fit lire en sa présence, et me dit ensuite en espagnol qu'il était informé des mauvais traitements qu'on m'avait faits en France, et que ses soldats qui s'étaient trouvés à Leucate s'accordaient dans l'estime que méritait ma valeur, et que je pouvais être certain de sa protection. Je remerciai le roi et m'en retournai chez moi, où je fus visité de tous les grands d'Espagne. »

Voici notre Coriolan gascon au service de Sa Majesté Catholique, parfaitement accueilli, comme on le voit, et faisant payer cher à son pays l'injustice dont il a été victime. Dans les campagnes suivantes, il fut si incommode à M. le Prince, que celui-ci lui offrit sa grâce ou un dédommagement considérable, s'il voulait reprendre ses anciennes couleurs. Bourcier se méfiait. Il répondit à sa femme, qui s'était chargée de la négociation : « Je suis le très humble serviteur de Son Altesse Royale, comme étant du sang de mon maître et que, comme tel, puisque sous ses ordres je n'avais pu acquérir son estime, que combattant contre ses troupes, je voulais le forcer à me l'accorder, et le lendemain je lui battis cinq cents chevaux. »

Peu de temps après, Bourcier retourna à Madrid, où, dit-il, « le roi voulant me récompenser, me fit offrir trois mille écus de rente (!) et le titre de duc (!), à condition que je me naturaliserais espagnol. »

Voilà qui sent son gascon d'une lieue ! L'Espagne n'était pas assez riche pour offrir de pareilles dotations à un transfuge. Le titre de duc ne donne pas de rang particulier en Espagne, où seule la grandesse compte ; et ceci nous laisse bien quelques doutes sur les assertions de Bourcier, sur les motifs de la querelle et sur ses prouesses.

Il est cependant digne de remarque que cette trahison éclatante ne sembla pas avoir scandalisé, outre mesure, ceux que notre aventurier abandonnait, ni fait mépriser par ses nouveaux maîtres le transfuge, tournant ses armes contre ses compatriotes. Nous allons en fournir la preuve.

Pourquoi cette indulgence de l'opinion ? C'est qu'à vrai dire le patriotisme était, même au commencement du dix-septième siècle, une vertu fort mal assise. Turenne, le grand Condé ont passé aux Espagnols et combattu pour l'ennemi. Nombre de seigneurs et d'officiers les imitèrent et les suivirent, et leurs contemporains ont été plus qu'indulgents pour ce qu'ils appelaient une faiblesse ou un point d'honneur mal compris, car l'honneur semblait parfois justifier le crime. Ces hommes valaient-ils moins que leurs fils et petits-fils ? Je ne le pense pas, et cependant, dès le milieu du règne de Louis XIV, une désertion est un acte honteux, et vingt ans après, un forfait exécrable. On peut presque dire que le patriotisme, tel qu'on le comprend aujourd'hui, et cela chez toutes les nations, date de la guerre de la succession d'Espagne. Les causes de ce singulier état d'esprit sont multiples ; je me contenterai d'en indiquer quelques-unes.

Les provinces, parfois les Etats, passaient d'une souveraineté à l'autre avec grande facilité, pendant le Moyen-Age. La notion de patrie et celle d'Etat étaient fort confuses. On devait sa fidélité au roi ou au souverain, plutôt qu'à la patrie. Quand un prince cédait à son adversaire une province, à la suite d'un traité de paix régulier, le devoir des habitants consistait à reporter sur leur nouveau maître l'allégeance jadis jurée à l'ancien. Les Etats étant considérés comme des héritages, comme des propriétés particulières, un roi cédait ou vendait une province, ainsi qu'un seigneur de fief eût vendu ou cédé un domaine, ou qu'un bourgeois eût vendu ou cédé sa maison. Dans de telles conditions, le patriotisme n'avait guère lieu de s'affirmer ; cependant le sentiment profond de ce devoir existait au fond de la conscience humaine. Quand les Anglais, en vertu d'un droit de succession fort spécieux, voulurent s'emparer de la France, celle-ci se souleva et cela, non par amour pour Charles VII, mais en haine de l'étranger. Quand Bourbon trahit François Ier, l'indignation fut générale. Le patriotisme, tel que nous le comprenons, aurait acquis toute sa valeur un siècle plus tôt sans les guerres de religion, mais celles-ci obscurcirent singulièrement la conscience publique et étouffèrent la vertu naissante. Henri IV s'alliait aux Anglais, la Ligue implorait le secours de l'Espagne. N'y avait-il pas là de quoi troubler profondément les notions de la justice et du droit ?

Tandis que Bourcier remportait pour les Espagnols des avantages militaires qui grandissaient sa réputation, Richelieu vint à mourir (1643). Notre Coriolan de Leucate se dit qu'il pourrait rentrer en France et y retrouver l'équivalent de sa situation en Espagne. Il assure qu'il prévint sa Majesté catholique de ses intentions, et il envoya un agent à la cour de France pour négocier son amnistie. Le sieur Sangla, chargé de cette mission, ne fut pas heureux ; il fit la rencontre d'une troupe de voleurs qui le dépouillèrent de tout, même de ses vêtements, et le laissèrent en chemise sur la route. Mais heureusement, Bourcier apprit que le roi Louis XIII, par l'intermédiaire du cardinal Mazarin, lui faisait offrir son abolition. Il partit sur le champ, après avoir pris congé du roi d'Espagne qui, dit-il, lui accorda deux mille pistoles pour ses frais de voyage. Bourcier prétend que ce qu'il y avait de plus considérable en France, lui demandait, sur son passage, l'honneur de l'entretenir ; peut-être y a-t-il exagération, et cependant l'accueil qu'il reçoit à la cour semble justifier de cette singulière indulgence.

Arrivé à la cour, il est aussitôt présenté à la Reine, à Rueil (le roi Louis XIII venait de mourir). Anne d'Autriche interrompt les excuses et les protestations de Bourcier ; et pendant qu'elle parlait, celui-ci lève les yeux sur le lambris situé en face de lui et aperçoit le portrait du cardinal de Richelieu. « Cette vue, dit-il, me fit monter la couleur au visage, et obligea la reine à me dire : « Quoi ! Saint-Aunez ! avez-vous encore peur de cet homme-là ? — Je lui répondis : Etant si près de votre Majesté, comme j'ai l'honneur d'être, et sous sa protection, je ne crains rien. » Et comme je haussai un peu la voix : « Prenez garde, me dit-elle en montrant un autre tableau, voilà Madame d'Aiguillon, sa nièce, qui écoute. »

St-Aunez obtint à peu près tout ce qu'il voulut et surtout Leucate, au commandement duquel il tenait particulièrement, et par honneur et par intérêt. [1] On le nomme

[1] Ces places frontières, toute l'histoire de la Fronde le prouve, donnaient à leurs gouverneurs ou leurs commandants une situation particulière. Ils commandaient, *pour le roi*, mais, par le fait, pour eux-mêmes ; la garnison était composée de soldats enrôlés par eux, payés par eux et sous leurs ordres directs. Il fallait compter avec les gouverneurs ou en être fort sûr, car il dépendait d'eux de livrer à l'ennemi une entrée dans le royaume, et les longues guerres civiles avaient entiè-

maréchal de camp et on le renvoie, sous la conduite du Cte d'Harcourt, combattre les Espagnols, qu'il commandait quelques mois auparavant. Il s'y distingua fort, assure-t-il.

Plus tard on l'envoya, comme lieutenant-général, commander un petit corps français, destiné à appuyer l'armée du prince Thomas, armée qui n'existait guère que sur le papier.

St-Aunez affirme qu'il se couvrit de gloire ; néanmoins, un certain M. du Talon, qui avait un neveu secrétaire chez le cardinal, le desservit, et on mit notre lieutenant-général en prison pendant quatre mois. Qu'avait-il fait ? quelle accusation porta-t-on contre lui ? Il ne nous le dit pas. Seulement le voilà ennemi mortel de Mazarin, comme il l'avait été de Richelieu. On le sort de prison, et on lui offre un commandement dans l'armée de Catalogne. C'était le cardinal qui lui avait écrit, ou fait écrire, en vue de cet accommodement.

rement oblitéré le sens moral des chefs de troupes. Voyez quelle différence les contemporains établissent entre le connétable de Bourbon et le Grand Condé.

« Je ne me donnai pas la peine de répondre, dit St-Aunez ; mais j'écrivis à la Reine que, puisqu'en bien faisant, je n'avais pas été assez heureux d'être considéré, que les affaires de Catalogne étant très mauvaises, que puisque le cardinal m'avait fait punir en bien faisant, il ne me pardonnerait pas quand il m'arriverait un malheur, et que j'étais dans un si juste ressentiment de cet injuste traitement que, pour ne pas retomber sous la main du cardinal, j'avouais à Sa Majesté que je me ferais plutôt voler par toute la poudre qui était dans ma place, moi et mes enfants, que de retomber dans ses mains. »

La suite se devine : la Reine, ni le cardinal ne pardonnèrent pas, et St-Aunez, qui s'en doutait, concluait un nouveau traité avec les Espagnols. Il colore cette trahison de tous les prétextes imaginables ; il ne s'ensuit pas moins qu'il s'entendit de nouveau avec l'ennemi, non pas pour commander leurs troupes, mais, pour faciliter leurs approvisionnements. De rechef aussi, il obtint, en 1653, une abolition de ces peccadilles et un commandement important.

Jusqu'à la paix des Pyrénées, il se maintint à flot, gardant toujours Leucate, qui était la principale raison d'être de son influence et du prix qu'on attachait à ses services. A la paix des Pyrénées, c'est lui qui commande en chef l'armée de Catalogne, par suite de l'absence du prince de Savoie.

La paix et la puissance royale consolidées avaient fort diminué la situation de St-Aunez. On lui avait promis le cordon bleu, on ne le lui donna pas. Il espérait être maréchal de France, on le laissa lieutenant-général, Bourcier, tout vieux qu'il est et couvert de blessures, a gardé l'esprit remuant, et croyant trouver dans Fouquet un protecteur à son gré, c'est-à-dire un ministre à la façon de Richelieu, il lie partie avec lui. Fouquet est mis en prison, notre Gascon va bientôt le suivre à la Bastille ; on lui fait son procès, mais on ne trouve pas contre lui de preuves bien fortes et on le relâche. St-Aunez trouve néanmoins que la France a un climat un peu chaud pour lui, et il obtient la permission du roi d'aller se rafraîchir en Espagne ; on ajoute à cette autorisation une somme de cent mille livres, mais Leucate est rendu au roi et ses fortifications sont détruites.

St-Aunez s'établit donc à Madrid. Il est fort riche et très bien vu des Espagnols. Son humeur n'est guère changée et il est d'un commerce rude. Il ne tarde pas à se brouiller avec l'ambassadeur de France, l'archevêque d'Embrun, le frère du célèbre La Feuillade. Notre représentant écrit à sa cour que St-Aunez est, envers lui et ses maîtres, d'une insolence incroyable ! N'a-t-il pas été jusqu'à se faire faire un écusson où il a introduit des fleurs de lys, la tête en bas, la racine en l'air, avec l'exergue suivant : « *Et radicibus, ignis* », on mettra le feu à ses racines.

Louis XIV n'était pas endurant ; néanmoins, il ne semble pas qu'il ait daigné s'offenser ; mais le courtisan La Feuillade croit l'occasion propice pour faire parler de lui. Il part pour Madrid, accompagné du Mis de Béthune et de quelques autres gentilshommes français. On proposera un cartel à St-Aunez.

Ce dernier, quoique estropié des deux mains, n'était pas pour s'effrayer de la rencontre ; cependant il ne voulait pas avoir le roi de France pour adversaire. Il fit observer au Mis de Béthune qu'il était victime d'une calomnie, lui montra ses armes brodées ou gravées dans les équipages, où aucune fleur de lys ne se trouvait. Il ajouta qu'à l'égard de La Feuillade, il ne le redoutait guère, et qu'il se promènerait pendant trois jours dans Madrid en carrosse, avec son épée et son poignard; mais qu'il n'irait pas à un rendez-vous dans les champs, sachant fort bien qu'il ne s'agissait pas de se battre avec lui, mais de le faire enlever par des estafiers. La Feuillade repartit, mais il confirma sans doute le roi dans ses soupçons, car les enfants de St-Aunez furent traités comme ceux d'un rebelle[1].

Notre exilé mourut peu après. Ses fils vinrent recueillir un héritage fort considé-

[1] Cet épisode est relaté par Mgr le duc d'Aumale (*Histoire des Princes de Condé*, tome III, p. 412) dans les termes suivants :

« Est-ce Henri de Saint-Aunez ou un de ses parents « qui, resté ou retourné à l'étranger, écrivit d'Espagne « au roi Louis XIV une lettre si amère que La Feuillade, « en bon courtisan, crut devoir faire le voyage pour lui « demander raison? Saint-Aunez n'ayant accepté qu'un « duel au poignard. La Feuillade refusa et fut chan- « sonné à son retour (1662). » (*Voir Appendice.*)

rable qu'ils dissipèrent. Ils ne laissèrent pas d'enfants, et ce fut une fille du gouverneur de Leucate, à laquelle revint ce qui restait du bien de son père, c'est-à-dire des paperasses, parmi lesquelles se trouvaient les curieux mémoires que j'ai analysés.

Cent ans après, une descendante, par les femmes, de St-Aunez, communiquait ce manuscrit à son cousin, le Cte de Montureux, maréchal de camp, grand personnage et fort riche. Le cornet du destin avait retourné les dés ! Sous Louis XIII, le Mis de St-Aunez, lieutenant-général, gouverneur de Leucate, cordon bleu en expectative, eût envisagé son cousin de Lorraine, l'avocat du Parlement de Metz, comme une relation qu'on subit, mais qu'on ne recherche pas. Cent ans plus tard, le Cte de Montureux, maréchal de camp, accueillait sans doute les demandes de ses cousins gascons, mais en protecteur bienveillant devenu, par son mariage avec une Durfort, le cousin du maréchal de Duras, et fort en faveur.

CHAPITRE II

Tandis que les Bourcier de la branche aînée faisaient cet établissement solide en Gascogne, s'illustraient par la défense de Leucate, s'enrichissaient des bienfaits du roi, étaient proscrits ou dépouillés par suite de la défection d'Henri de St-Aunez, rentraient en grâce et finissaient par s'éteindre vers le milieu du règne de Louis XIV, les cadets de cette famille, restés en Bourgogne, allaient subir des vicissitudes non moins marquées.

La séparation s'était effectuée dans les enfants de Pierre de Bourcier, seigneur de Bourlémont, capitaine de cent vingt hommes d'armes au service de Charles le Téméraire. Pierre fut tué, en 1476, dans la célèbre bataille de Nancy.

Son fils cadet, Raymond de Bourcier, fut d'abord page du comte de Charolais. Les Mémoires particuliers de la famille de Bourcier nous apprennent qu'il fut armé chevalier par l'empereur Maximilien et décoré du titre de comte d'Yrpo, à Anvers, en 1495. Ce qui fournit la preuve de ces distinctions très honorables, est une épitaphe qu'on lit sur un tombeau qui fut élevé à Raymond, peu de temps après sa mort, dans l'église de Saint-Thomas de Besançon.

Le fils du comte d'Yrpo, intitulé dans son contrat de mariage, « baron de Fez [1], seigneur de Bourlémont, natif de Gand, à présent capitaine de trois cents chevaux pistoliers pour le service de l'empereur Charles-Quint, » servit avec distinction. Il avait probablement dépensé presque tout son bien dans ses campagnes, car la guerre n'enrichissait plus alors les gentilshommes. L'empereur lui accorda une pension « pour lui et une autre pour ses fils (qu'il déclara être) issus d'ancienne race de gentilhommes de tournois. »

Néanmoins, ces jeunes enfants, que la mort de leur père laissa orphelins de très bonne heure, se trouvèrent fort dépourvus. L'aîné, Jean, quand il fut en âge, alla s'établir en Espagne et devint

[1] Il avait reçu ce titre à la suite d'une expédition en Afrique.

capitaine d'une compagnie de chevaux-carabiniers au service de Philippe III [1]; le second, Claude, vint se fixer en Lorraine [2].

Le jeune gentilhomme n'avait que la cape. Il renonça sagement à y joindre l'épée. Charles III, duc de Lorraine, accueillait favorablement les étrangers. Claude Bourcier pensa, sans doute, qu'il trouverait dans les offices de la Robe un mode de vie qui lui procurerait une existence moins précaire que le métier des armes.

Il épousa à Neufchâteau une fille de la noblesse du pays, Alison Cachet, qui lui apportait en dot une petite seigneurie. Mais, pour posséder un fief en Lorraine à cette époque, il fallait être noble, et on exigeait, dans l'année, la preuve *littérale*

[1] Il servit d'abord Philippe II et fut pensionné par Philippe III.

[2] Les liens qui rattachent les Bourcier de Bourgogne et de Gascogne à ceux de Lorraine sont attestés par lettres patentes de Charles IV, entérinées à la Cour de Saint-Mihiel le 6 avril 1669, par un édit de la Cour des comptes de Lorraine du 13 juin 1768, et par une généalogie de l'abbé Lionnois. Je n'ai pas eu connaissance d'autres titres. Une correspondance entre le procureur-général Jean-Louis de Montureux et les descendants, par les femmes, des Bourcier d'Espagne prouve qu'ils se reconnaissaient pour parents.

de cette condition. Claude était parti sans papiers ; son frère résidait en Espagne ; sa mère était, sans doute, morte alors ; le cas était pressant, et Claude se résigna à demander des lettres d'anoblissement qui lui furent accordées (6 septembre 1571).

Claude devint alors greffier en chef au bailliage des Vosges, puis avocat et procureur en celui de Nancy.

Pendant trois générations, les Bourcier mènent une existence très honorable, mais obscure. Il semble que le souvenir des carrières d'épée de leurs ancêtres les hantent, mais ils sont dépaysés ; ils ont pris des lettres d'anoblissement ; il leur faut se contenter, lorsqu'ils veulent reprendre l'épée, de la position modeste d'archers des gardes. Le coup de vent de la fortune, qui les jette ainsi à terre, va bientôt les relever.

Le premier qui rendit une partie de son lustre à cette famille fut Jean, l'arrière-petit-fils de ce Claude que nous avons vu quitter la Bourgogne et se fixer à Neufchâteau.

Les débuts de la vie de Jean furent cependant très pénibles. Ses parents l'avaient pourvu de quelque argent pour aller apprendre le droit dans la célèbre université de Padoue. Tandis que l'élève se livre à ses études, l'argent cesse de lui être expédié, et on l'informe que son père et sa mère sont morts, presqu'en même temps, de la peste qui sévissait alors en Lorraine. Il retourne, comme il le peut, à son pays natal, ne retrouve ni les titres de sa famille, ni probablement leurs biens. Il veut se marier, gagner sa vie ; il est noble de toutes façons, cependant on lui conteste sa qualité. Il n'hésite pas, fait comme son trisaïeul, demande de nouvelles lettres de noblesse, mais se réservant bien de les faire reviser quand il aura recouvré sa situation, ses biens et ses papiers.

Dans les mémoires écrits par son petit-fils, on voit que Jean de Bourcier était d'humeur joviale, ne se faisant point de méchantes affaires inutilement, alerte, hospitalier et bon compagnon.

Il s'était fixé à Vézelise, la petite capitale du comté de Vaudémont ; il occupait une des belles maisons de la ville et remplissait les fonctions de lieutenant-général du bailliage.

Les terribles guerres contre la France dévastaient alors la Lorraine. Ce fut une misère sans nom, une suite de famines inouïes. On vit des mères égorger leurs enfants pour s'en nourrir ; les cloches des couvents sonnaient jour et nuit, sollicitant un morceau de pain de la pitié des fidèles pour les nonnes cloîtrées et affamées. La dépopulation du pays paraît invraisemblable, et cependant les preuves en sont hors de doute.

Vézelise, qui comptait près de deux mille âmes en 1606, et quatre cents feux environ, se trouva réduite à ne posséder plus que deux maisons bourgeoises. Tout le reste des habitants était mort, ou avait fui. Occupée tour à tour par les Suédois, les Français, les Lorrains, assiégée, en sa qualité de petite ville forte, par les uns et par les autres, selon les hasards de la guerre, Vézelise était réquisitionnée sous toutes les formes. Les habitants avaient pris le parti de laisser le champ libre aux garnisaires, et de leur tout abandonner. Cependant deux maisons étaient encore habitées, et celle de Jean Bourcier en était une.

Le lieutenant-général au bailliage de Vaudémont devait à cette situation l'immunité relative dont il jouissait. Représentant du comté, c'était à lui que s'adressaient, tour à tour, les belligérants pour leurs réquisitions, non en ce qui concernait la ville de Vézelise qui n'existait plus, mais pour atteindre les villages environnants encore habités par quelques paysans. Ce rôle était ingrat et difficile : mais Jean, homme habile, probe, de belle humeur, très estimé, s'en acquittait aussi bien qu'il était possible. Il dut la vie à la bonne grâce avec laquelle il traitait les soldats, ne leur donnant que ce qu'il ne pouvait leur refuser, mais accompagnant l'offrande de ce peu d'un sourire et de paroles conciliantes.

Laissons son petit-fils nous conter cette bonne fortune :

« Il avait beaucoup d'esprit, de candeur et de gaité. Il trouvait le secret de plaire aux soldats et de les renvoyer contents.

« Cette méthode lui fut d'un grand secours, car un jour, allant à cheval, accompagné d'un seul domestique, de Vézelise à Toul, dont le chemin est presque tout couvert de bois et qui, pour lors, l'était bien davantage, il fut rencontré, dans le plus épais de la forêt (de Hayes), par une vingtaine de lansquenets qui se disposèrent à le dévaliser, et peut-être, à faire encore pis, lorsqu'un de la troupe, l'ayant envisagé, s'écria tout à coup : « *Es ist der herr Lieutenant* », « c'est le lieutenant » ; et tous aussitôt, à l'envi, le comblant de caresses et l'étouffant de mille embrassements, le firent ressouvenir des bons traitements qu'ils en avaient reçus. On apporta sur l'herbe quantité de provisions, et on le fit boire à l'excès du vin et de l'eau-de-vie. Non seulement lui, mais son valet et ses chevaux en furent encore abreuvés. Enfin ils se séparèrent, les meilleurs amis du monde, avec des protestations réciproques d'amitié et de reconnaissance ; et mon grand-père en fut quitte pour quelques vapeurs au cerveau. »

Cette humeur joviale se retrouvait chez Jean en toute circonstance. Un jour, le duc Charles IV lui demanda en quoi consistait sa famille. Le lieutenant-général du bailliage avait six fils et une fille. « Monseigneur, répondit-il, il me reste trop d'enfants pour mon revenu, car j'ai six garçons qui ont chacun une sœur. — Ah ! pour le coup, c'en est trop, monsieur le lieutenant, dit Charles IV. Douze enfants ! que je vous plains ! »

Il sut plus tard que les douze enfants n'en faisaient que sept, et il rit beaucoup de l'artifice de Bourcier. L'auteur des Mémoires que nous analysons nous raconte encore que, lorsque Charles IV épousa Mlle d'Apremont, âgée de treize ans (lui en avait près de soixante), la future duchesse passa à Vézelise quelques jours, dans la semaine qui précéda celle de son mariage. Le lieutenant-général eut l'honneur de la recevoir et s'ingénia pour être aimable. Le bonheur voulut que, ce jour-là même, on prît au piège une souris entièrement blanche, sauf la queue qui était noire. On coupa cette queue malencontreuse, et on offrit la bestiole à la future Altesse. Ce furent des cris de joie de la jeune fille, qui adopta la souris et s'en amusa infiniment.

On connaît l'histoire de cette enfant, devenue par un hasard singulier duchesse de Lorraine. Mme d'Apremont, presque réduite à la misère, vient à Nancy plaider un procès : apprenant les fiançailles du souverain avec Mlle de Ludre, et les retards apportés à cette union par l'humeur volage du futur, elle profite de cette aubaine, en calculant qu'une jeune fille de treize ans, fort belle, il est vrai, plairait davantage encore au vieil épouseur, que sa rivale, qui en comptait seize pour son malheur.

« Une petite fille pour s'amuser », comme le disait sagement la jeune mariée, c'était tout ce qu'elle désirait : elle l'obtint et oublia la souris blanche. Ce fut un grand bonheur, en effet, car cette maternité unique évita à la Lorraine la terrible question de l'héritage, que la naissance d'un fils aurait, à coup sûr, provoquée.

Nous terminerons ici ce qui concerne Jean de Bourcier, le père de celui dont nous allons raconter la vie. Il nous suffira de relater, avec peut-être moins d'admiration que son petit-fils, notre guide, la cause de la mort du lieutenant-général. Il était fort âgé, mais très assidu à ses fonctions. D'habitude, il ne quittait, ni jour ni nuit, un grand bonnet à oreilles. Un matin d'audience, ce malheureux bonnet, déposé pour quelques secondes dans un coin, ne se retrouve pas. Victime de son devoir, Bourcier préside sans bonnet. Il est vrai que l'audience avait lieu dans sa propre maison. Néanmoins, le lieutenant-général paya de sa vie cet acte de dévouement, car il contracta une fluxion de poitrine dont il mourut.

CHAPITRE III

La vie de Jean-Léonard de Bourcier de Montureux fut écrite par son fils. L'ouvrage a été imprimé ; mais son auteur, par un scrupule dont je ne comprends pas trop la cause, fit retirer et brûler presque tous les exemplaires de l'édition. A la fin du siècle dernier, il n'en restait qu'un [1], et le petit-fils de Jean-Léonard auquel cet échappé de l'auto-da-fé avait été prêté, et non donné, le fit copier. C'est cette copie que j'ai lue et dont je ferai ici l'analyse, en y joignant quelques commentaires.

Je trouve regrettable que les descendants de Jean-Léonard n'aient pas fait réimprimer la notice. C'est une lacune, au reste, qui peut se combler. Quant à mon travail, il n'aura d'autre utilité que de suppléer aux notes qu'il eût fallu joindre au texte.

La lecture de cette vie, très simple, très digne en même temps, mais troublée par les

[1] Cet exemplaire subsiste encore et se trouve à la Bibliothèque de Nancy.

grandes perturbations politiques du pays où elle s'écoule, m'a fort intéressé. Elle offre un tableau curieux des vicissitudes et des mœurs d'une famille d'origine distinguée, mais presque réduite à la misère, se perdant dans l'obscurité, puis se relevant, grâce aux efforts de trois générations d'hommes de bien, de travailleurs opiniâtres, et, il le faut bien, de gens favorisés par les circonstances. Est-il heureux ? disait l'empereur Napoléon Ier, quand il s'agissait d'un homme à placer. Ces trois Bourcier furent heureux.

Ces gentilshommes, dans leur modeste situation à Vézelise, ne se découragent pas. Leur conteste-t-on leur origine, ils se font réanoblir provisoirement, pour ne pas perdre les privilèges de leur caste, et en attendant qu'ils retrouvent et produisent leurs parchemins authentiques. Le père de Jean-Léonard est revenu de l'Université de Padoue, avec un havre-sac sur le dos ; il rentre dans un logis dévasté par la peste et ruiné par l'abandon des maîtres. Vite, il se remet à la besogne, travaille sans relâche et rétablit les affaires de sa famille. Les circonstances extérieures sont terribles cependant, et la tempête souffle fort sur cette chancelante bâtisse. Vézelise, je l'ai dit, n'a plus que deux maisons pouvant prétendre à cette qualification, Bourcier en possède une ; il réussit à la protéger et à y constituer fortement le nid familial. Il a de nombreux enfants, ce qui est une ruine pour un bourgeois, car il faut les faire instruire par d'autres, pour gagner soi-même sa vie ; le lieutenant-général du bailliage de Vaudémont suffit à tout et place avantageusement cette nombreuse postérité.

Ces trois générations accusent un caractère de race particulier et très marqué. Ils se ressemblent étonnamment. Ils ont les mêmes qualités natives. Ils sont très laborieux, très gais, très honnêtes et très beaux. Ils plaisent donc, au premier abord par leur bonne mine, ensuite par leur affabilité spirituelle, et enfin par la sûreté de leur commerce.

Le lieutenant-général du bailliage avait débuté au milieu des terribles guerres du duc Charles IV. On sait que la Lorraine perdit les neuf dixièmes de sa population, par la peste, la guerre et la famine. Nous avons dit, plus haut, comment ce pays, le plus riche de l'Europe, devint le plus misérable. L'horreur de cette détresse fut telle que le grand Vincent de Paul put émouvoir les cœurs, bien durs cependant, de nos conquérants et de nos maîtres, les faire rougir de leur férocité et arracher deux millions à leur avarice en faveur de leurs victimes. Il est vrai que Vincent était un saint, et qu'on doit moins s'étonner qu'il opérât un miracle.

Vézelise, où résident les Bourcier, est au centre du cyclone. Trois ou quatre armées différentes s'arrachent, tour à tour, les lambeaux de la chair lorraine. Ce sont les Français, commandés par le roi Louis XIII en personne, et ses alliés suédois et allemands, qui obéissent à Weimar. Charles IV les combat avec des Lorrains, puis avec les armées de l'Empire sous les ordres de Gallas. La guerre lente du XVIIe siècle se fait dans toutes les règles. On s'avance, on recule, on revient à la charge, sur un échiquier très restreint. Au bout de trois ou quatre années de ces alternatives, le théâtre des hostilités est un désert : la friche se voit partout, les forêts envahissent les plaines et, dans les rares hameaux où il reste un semblant d'êtres humains, la peste frappe ceux que la faim n'a pas encore fait périr.

Ce fut au milieu de ces calamités que s'écoula la vie de Jean de Bourcier, le père de Jean-Léonard. Une sorte de paix relative s'était établie en Lorraine, par suite de l'éloignement de Charles IV, de son emprisonnement en Espagne et de la conquête de notre pays ; mais cette paix ressemblait à celle du tombeau. La Lorraine était accablée de contributions, de logements et d'entretien de gens de guerre. Tous les châteaux étaient abattus ou pourvus de garnisaires ; la population, je l'ai déjà dit, se trouvait réduite au dixième de ce qu'elle était en 1634.

Jean-Léonard, le deuxième fils [1] du lieutenant-général de Vaudémont, naquit au mois d'août 1649, durant l'occupation française.

Comme le plus grand nombre des hommes qui se distinguent dans les lettres ou les carrières civiles, il montra, dès son plus jeune âge, une aptitude et un goût

[1] Dom Pelletier l'indique comme étant le 3e fils, mais la généalogie de l'abbé Lionnois, dressée pour la famille de Bourcier, le dit le second.

remarquable pour l'étude. Il fallait l'arracher à ses livres, et l'écolier était fouetté, non pour ne pas faire sa besogne, mais pour travailler aux heures où on lui ordonnait de se récréer.

Ce fut dans l'Université de Pont-à-Mousson qu'il fit ses études. Son père le destinait à la magistrature, mais ce jeune homme se croyait la vocation religieuse. Il obtint avec peine l'autorisation de suivre un cours de théologie à Lyon, sous la direction du célèbre Père de la Chaise, qui fut, plus tard, le confesseur de Louis XIV.

Jean-Léonard avait déjà la tonsure quand, sur les instances réitérées de sa famille, il consentit à renoncer au sacerdoce, quitta Lyon pour Aix afin d'y faire son droit, revint à Pont-à-Mousson prendre sa licence, et partit pour Paris, où il fut reçu avocat au Parlement.

Ce fut alors qu'il lui arriva une aventure qui devait le ramener en Lorraine.

Un soir, le jeune avocat, se trouvant dans une rue déserte, fut brusquement saisi par des archers, enrôlé de force et conduit à Lille, où il dut prendre la pique comme simple fantassin. Le narrateur de cette histoire ne nous a pas conté dans quelles circonstances ce singulier enrôlement pût avoir lieu. Jean-Léonard était-il ivre et signa-t-il sans s'en rendre compte, son engagement? Fut-il mêlé à quelque bagarre? Nous l'ignorons. Quoi qu'il en soit, le lieutenant-général du bailliage reçoit un beau jour une lettre écrite du bastion de Sainte-Catherine, où, pendant sa faction, l'enrôlé involontaire contait à son père sa lamentable histoire.

A la suite de quelques démarches et à l'aide de quelques écus, la famille de Bourcier parvint à lui faire rendre et sa liberté et sa toge.

Dégoûté de Paris et de ses aventures, notre avocat alla faire un voyage dans les Pays-Bas, où l'attendait une nouvelle et étrange déconvenue. Il se promenait, en flânant, le manteau sur le nez, un jour de grand froid, aux environs des nouvelles fortifications faites à une place forte. Notre curieux est arrêté et mis au cachot comme espion. Cependant les magistrats qui l'interrogèrent s'aperçurent promptement, nous dit son fils, « que le noviciat qu'il avait fait sur le bastion de Sainte-Catherine ne lui avait pas suffi pour l'initier aux mystères de la fortification ; et l'ingénuité de ses réponses sur sa famille, son état et sur l'objet de son voyage, acheva de les désabuser. »

Revenu chez son père, Bourcier eut pour premier client son frère aîné, fort compromis dans une affaire qui faisait grand bruit en Lorraine. Une jeune personne, d'une famille considérable du pays, prétendait obliger Bourcier, l'aîné, à l'épouser, parce qu'il l'avait, disait-elle, séduite et rendue mère.

Jean-Léonard fit d'excellents mémoires et de non moins remarquables plaidoyers au Parlement de Metz, en faveur de son frère, qu'il fit acquitter ; et sa réputation d'avocat en devint d'autant plus grande, que la cause semblait moins bonne. Dès lors, il est classé comme l'avocat le plus en renom d'une cour fort importante, la première, peut-être, après Paris, puisque la Lorraine, le Luxembourg, les Evêchés avaient été récemment adjoints à sa juridiction.

Ce qui mit le sceau à cette gloire naissante de l'avocat mérite, ce me semble, d'être conté.

Bourcier avait un rival, plus ancien que lui au barreau, très éloquent, fort instruit, ayant l'oreille des juges, bien que sa réputation ne fût pas très nette sous tous les rapports.

Un jour, cet avocat, ayant Bourcier pour adversaire, et plaidant dans une affaire de faux, appuya sa défense d'un texte écrasant tiré du Droit romain. Bien que ce Droit ne régît pas la législation messine d'une façon absolue, cependant quand la coutume ou les ordonnances ne prononçaient point, les magistrats s'inclinaient devant le Digeste. On sait de quelle faveur il jouissait auprès des légistes.

Voilà donc Maitre X... accablant la partie adverse d'un admirable texte, rédigé dans le meilleur latin, extrait, disait-il, « *de lege Cornelia, de falsis.* » L'application était si parfaite, qu'il n'y avait que les noms à introduire pour s'adapter au cas présent.

Les juges semblaient fort impressionnés et le gain de l'affaire ne paraissait plus douteux, quand Bourcier se lève et interrompt. « Maître, dit-il, au mot *falsis*[1], ajoutez *legibus*. »

Ce fut un coup de théâtre! L'avocat se troubla, balbutia. L'indignation du tribunal, dont on essayait ainsi de surprendre la bonne foi et sur l'ignorance duquel on spéculait, se traduisit par la perte de la cause de l'audacieux faussaire et une punition disciplinaire très dure.

La réputation de Jean-Léonard ne fit dès lors que grandir. Devenu l'avocat le plus en renom du Parlement messin, Bourcier fit rapidement fortune et put acheter une de ces charges de haute magistrature qui, bien que fort considérables par elles-mêmes, n'étaient que le prélude d'une ascension aux fonctions plus élevées de procureur-général ou de premier président, le bâton de maréchal de la robe.

Notre avocat-général à la cour de marbre crut devoir alors se marier. Il épousa une fille riche et de bonne famille du Luxembourg, Anne Boulet.

L'auteur des Mémoires ne parle qu'avec respect et discrétion de sa mère. Il ressort

1 Aux mots : des faux, « ajoutez » décrets.

de son récit comme de ses réticences, que Mme de Bourcier était une personne de haute vertu, mais chagrine, jalouse et peut-être un peu acariâtre.

« Ma mère, nous dit-il, était belle, bien faite, spirituelle, infiniment vertueuse et qui n'aimait que son mari, mais elle voulait qu'il l'aimât de même.

« Il avait coutume de l'appeler : Un dragon de vertu ! Et quoiqu'il ne quittât presque jamais le logis conjugal, cependant il y avait entre eux des altercations, dont la jalousie était toujours la source et qui allèrent à ce point, que lorsque mon père quitta Metz, en 1698, pour s'établir en Lorraine, elle ne voulut point le suivre jusqu'en 1700. Si, dans la suite, ce même sujet contribua encore à troubler de temps en temps l'harmonie, ce fut toujours sans séparation et sans éclat. »

Jean-Léonard nous est représenté par son fils comme très jovial et aimant même fort le plaisir, mais de quel amour discret ! Il se levait à sept heures du matin régulièrement, et donnait audience à tous jusqu'à midi. Le dîner ne prenait qu'une demi-heure ; ensuite Bourcier se rendait au tribunal ou vaquait en ville à ses autres affaires, soupait à sept heures et ne restait que fort peu de temps à ce souper. Aussitôt levé de table, il s'enfermait jusqu'à minuit dans son cabin et detravail, où, sûr de ne pas être dérangé, il faisait, disait-il, la meilleure besogne dont il fût capable, sans aucun préjudice pour sa santé.

CHAPITRE IV

Quand Louis XIV se fut emparé du Luxembourg, il fallut y constituer un tribunal français. Jean-Léonard, qui avait des attaches dans ce pays par son mariage avec Anne Boulet, fut nommé procureur général du Grand-Duché, en 1694. Catinat commandait la place.

Jean-Léonard s'acquitta de ses fonctions dans ce petit Etat nouvellement annexé, avec la même habileté que celle déployée sur un théâtre plus restreint encore par son père, à Vézelise. Il se montra conciliant, prudent, et sut se faire aimer de ces populations, si récemment françaises de droit, mais restées allemandes de langue et de cœur.

Il comprit que, pour se concilier les Luxembourgeois, il était presque indispensable de parler la langue du pays ; et, à trente-cinq ans, il apprit l'allemand, qu'il sut bientôt à la perfection. C'était là un avantage énorme sur les autres fonctionnaires, tant civils que militaires. Il pouvait interroger les inculpés dans leur langue, causer avec les plaideurs et, surtout, se débrouiller dans les prescriptions du droit coutumier, rédigé ou commenté en allemand. Ceci parut une sorte de prodige, tant la connaissance d'une langue étrangère, autre que l'espagnol ou l'italien, semblait presque interdite à un Français d'alors.

Il arriva à Bourcier, pendant son séjour à Luxembourg, deux ou trois aventures assez plaisantes.

Un jour qu'il sortait de son logis, il vit une foule de peuple qui acclamait et accompagnait un grand gaillard, vêtu en pèlerin, pieds-nus, un chapelet de coquilles autour du cou.

« Qui êtes-vous et où allez-vous, l'ami ? demande le procureur général assez surpris. — Je suis aubergiste à Luxembourg ; j'ai fait un vœu et je me rends à Saint-Jacques de Compostelle, » répond le pèlerin.

« Commencez par rentrer au logis, fait le magistrat sévèrement. — Mais j'ai un permis de M. de Catinat. — Obéissez et donnez-moi votre permis. » Le pèlerin, ancien soldat et fort hardi, maugrée, mais il est obligé de se soumettre.

Bourcier se rend auprès de Catinat et lui fait observer qu'un décret du roi interdit ces sortes de pèlerinages. Catinat reconnaît fort aimablement que sa bonne foi a été surprise, et le pèlerin de Saint-Jacques est condamné à demeurer au pays. Il dut se contenter de changer son enseigne et d'y faire inscrire : « *Au pèlerin de Saint-Jacques!* » Sa famille tout entière vient remercier le procureur général, le départ du père de famille devant, disait-elle, la ruiner.

Mais voilà qu'au bout de quelques mois notre aubergiste meurt. Toute la ville et surtout les proches du défunt s'indignent, murmurent et oublient qu'ils ont applaudi à la décision du magistrat, déclarent que c'est l'interdiction du voyage qui a été, par un jugement céleste, la cause de la mort du pèlerin. Comme il n'y avait point alors de presse pour répandre et envenimer les mauvaises affaires, le procureur général ne parut pas ébranlé dans son crédit, non plus que très ému des reproches.

Le narrateur nous conte encore qu'il venait de naître, quand Louis XIV fit son entrée solennelle à Luxembourg. Le procureur général pensa à demander au roi la faveur d'être parrain de son fils. C'était une grâce que le roi ne refusait presque jamais, dans le cours de ses voyages.

Mais Bourcier fut détourné de son projet, « en se souvenant d'un discours que le roi lui avait tenu à Verdun où quelques courtisans ayant dit que si, pendant son séjour à Luxembourg, quelque femme s'avisait à faire un enfant, il ne pourrait se dispenser d'être le parrain. Le prince répondit que c'était un honneur qu'il n'avait garde de refuser, surtout en pays de conquête, où il voulait se concilier l'amour de ses sujets ; mais que c'était se tromper de croire que, quand il avait été parrain d'un enfant, la fortune de celui-ci était faite, et qu'il avait bien des filleuls aux galères. »

Deux jours après l'arrivée de Louis XIV à Luxembourg, un voleur à la tire, nous dirions aujourd'hui un pick-pocket, fut pris dans l'église des Jésuites vidant les poches des fidèles. Il fut interrogé, et répondit avec une franchise rare qui ne désarma pas cependant les juges, qu'il était de

Paris et que sa profession était : filou, suivant la Cour. On rit, mais on ne laissa pas de l'envoyer rejoindre, sur les galères, les filleuls du grand roi.

Bourcier nous conte encore le mariage de sa sœur, qui s'accomplit dans des circonstances assez singulières.

Mlle de Bourcier, fort belle fille, avait conquis le cœur d'un bon gentilhomme du Poitou, nommé Toustain de Viray, Celui-ci était un brave militaire qui devint, par la suite, lieutenant-colonel du régiment de Dauphin-Cavalerie.

« Son esprit, nous dit Bourcier, était enjoué, sa politesse infinie, et son caractère admirable ; mais il avait sa faiblesse, comme on prétend que chacun a la sienne.

« Un jour, se promenant avec mon père, dans son jardin où le mariage faisait l'objet de sa conversation, il vint à passer une bande de corbeaux, dont un se détacha de la troupe, alla voler avec de grands croassements près de M. de Viray, qui tomba dans une mélancolie profonde.

« Mon père extrêmement surpris lui ayant demandé plusieurs fois la cause d'un découragement si prompt, il ne lui répondit que par quelques gestes en l'air, qui portaient du côté où l'oiseau avait paru.

« Cette scène muette de la part du cavalier dura plus d'un quart d'heure, quoiqu'il continuât à se promener comme auparavant. Mais, mon père ayant redoublé ses instances pour l'engager à s'ouvrir, enfin il se développa, et convint que le corbeau l'avait effrayé et qu'il était un homme mort.

« Un pareil aveu mit le comble à l'étonnement de mon père, qui lui dit qu'il ne concevait pas qu'une personne raisonnable et surtout un homme de guerre, qui avait affronté cent fois en sa vie les plus grands dangers, marquât tant de faiblesse sur un événement indifférent et qui n'avait rien que de naturel ; que notre destinée ne dépendait pas d'un vil animal, qui volait au hazard ; et qu'on ne pardonnerait pas à la moindre femmelette une terreur panique aussi absurde que la sienne.

« Toutes ces remontrances furent inutiles. Le beau-frère était frappé. Il rentre, se met au lit, la fièvre le prend, il demande un prêtre, se confesse, reçoit tous les sacrements, et en peu de jours, se trouve abandonné des médecins.

« Mon père et ma mère étaient également inconsolables, et de la situation critique du malade, et de ce qui y avait donné lieu; mais l'amour, qui triomphe partout, fit ce que l'éloquence du procureur-général et l'art des médecins avait inutilement tenté. Mlle de Bourcier, accompagnée de Mme sa mère, arrive de Vézelise et, d'abord informée de l'état de M. de Viray, elle entre précipitamment dans sa chambre, en fondant en larmes. Sur-le-champ le malade démêle sa voix, ouvre les yeux et lui tend la main. La fièvre cesse, les couleurs lui reviennent, la joie paraît peinte sur son visage, il se lève, il parle, il mange, et, trois jours après, il sort et se marie [1]. »

Le beau-père de ce militaire superstitieux, Bourcier, ne craignait pas le vol des corbeaux, comme les anciens romains; mais c'était le presque seul danger qu'il ne redoutât pas.

Son fils avoue très ingénument cette disposition craintive, à l'excès, du procureur-général et en fournit plusieurs preuves signalées, sans en paraître autrement cho-

[1] Il fut le père de l'avocat-général Toustain de Viray, magistrat très célèbre en Lorraine.

qué. La robe lui semble, à cet égard, constituer une excuse légitime, bien qu'il ne la réclame pas pour son propre compte, étant d'un tempérament très hardi.

« Jean-Léonard (nous dit son fils), magistrat consciencieux et inflexible lorsque la justice était en cause, redoutait cependant à l'extrême les conséquences de sa sévérité pour lui-même, le cas échéant. Dans le cours de ses voyages diplomatiques, se trouvant à Venise, il se rend au pèlerinage célèbre de Notre-Dame de Lorette. Comme il était chargé d'une mission assez délicate de son souverain, le duc Léopold, auprès du pape, que la négociation ne prenait pas bonne tournure, et que Bourcier avait jugé prudent de ne pas aller jusqu'à Rome, notre envoyé, en dehors de Venise où il revêtait son caractère officiel, gardait l'incognito. La peur des prisons du saint office, à tort ou à raison, inspirait cette précaution.

« Au sortir de l'église de Lorette, où il venait d'assister à l'office, Bourcier vit une personne derrière lui, qui lui criait à haute voix : « Bonjour, M. le procureur général ! » Et s'étant retourné précipitamment, il aperçut un prêtre qu'on avait condamné en Lorraine à une peine infamante, et qui depuis son exil l'avait menacé.

« Mon père, qui était moins brave qu'éloquent, répondit avec beaucoup d'émotion : « Monsieur, vous vous trompez, et vous me prenez pour un autre. — Point du tout, dit l'ecclésiastique ; je vous connais parfaitement, et vous me connaissez de même ; vous êtes Me Bourcier, procureur-général du Parlement de Nancy. Je suis X, et vous ne savez que trop l'injure qui m'a été faite et dont vous êtes la cause ! »

« Un début si vif et qui tendait au sérieux déconcerta mon père encore bien davantage ; et, pour couper court aux suites qu'il en avait à craindre, il se glissa légèrement parmi tous ceux qui sortirent dans ce moment de la messe et, s'étant échappé dans la foule, il en fut quitte pour la peur. »

Avec un tempérament semblable, les voyages et même le cours habituel de la vie au XVIIe siècle devaient mettre les nerfs à de rudes épreuves. Voleurs, naufrages, vengeances particulières, violences des gens de guerre, tout était péril sous mille formes, dont la prudence la plus attentive ne pouvait réussir à garer. Nous ne nous figurons guère, nous autres modernes, l'incertitude de la vie humaine dans ces temps. Les accidents de chemin de fer, les marmites anarchistes, un cambrioleur parfois, tels sont les dangers fort minimes auxquels, dans l'habitude de la vie, nous sommes exposés. Il est vrai que certaines commotions terribles, guerres ou révolutions, rappellent cruellement au plus pacifique bourgeois : *Memento quia pulvis es!* Mais deux ou trois catastrophes semblables dans une vie moderne, voilà la part du danger faite. Au XVIe et au XVIIe siècle, dans toute l'Europe et surtout aux pays frontières, on avait presque autant de chances de mourir dans une catastrophe, que de maladie dans son lit.

A peine échappé à la vengeance du prêtre, Bourcier s'embarque à Venise sur un petit bâtiment ; une tempête terrible l'assaille. Il avait la navigation en horreur. Voilà notre procureur-général au désespoir : il s'agite, il gémit, il lève les bras au ciel ! Pendant ce temps, couché dans le fond de la barque, à demi-pontée, son domestique s'enveloppe la tête de son manteau, récite son chapelet, et semble tout résigné à son sort. Quand le danger fut passé, Bourcier, qui ne croyait pas son valet plus brave que lui, s'interroge : lequel a eu le plus peur ? L'immobilité du laquais ne manifeste-t-elle pas une frayeur plus grande que la sienne ? Se débattre ne vaut-il pas mieux que s'abattre ? Nous laisserons cette question soumise à la sage appréciation du procureur-général, en rappelant toutefois que la mer lui parut, à partir de ce jour, l'ennemi le plus redoutable et le plus farouche de la magistrature. Nous en aurons plus loin la preuve.

Le procureur-général, timide dans la vie ordinaire, puisque son fils, lui-même, en convient, était néanmoins d'une inébranlable fermeté dans l'exercice de ses fonctions, d'une probité allant jusqu'au scrupule, et d'une hardiesse même, qui lui fit braver le souverain, quand son devoir le lui commandait, Bourcier fut le modèle de ces magistrats d'ancienne roche, véritablement épris de justice. Son fils nous raconte un des épisodes de la carrière judiciaire de Jean-Léonard, où la sévérité du juge coûta le plus à un cœur naturellement compatissant.

Bourcier venait d'échanger sa place de procureur-général du roi à Luxembourg contre celle de procureur-général au Parlement de Nancy. Le duc Léopold, rentré dans ses Etats à la suite du traité de Riswick, fit appel au patriotisme de son fidèle sujet, et celui-ci obéit.

Léopold, voulant inaugurer son règne par des grâces, avait fait dresser par Bourcier une liste des criminels auxquels on ferait remise de leur peine. Un certain nombre d'entre eux avaient été condamnés par contumace.

Une nuit de novembre, un inconnu frappe violemment à la porte du procureur-général ; la servante mettant la tête à la fenêtre, le visiteur répondit à son interrogatoire qu'il avait à faire une communication au procureur-général, et qu'elle ne souffrait aucun retard. Après de longs pourparlers, la servante réveilla Bourcier, qui consentit à se relever et à recevoir l'inconnu.

« Un homme couvert de haillons noirs, sordides, pénètre dans le cabinet du magistrat. Il tombe à genoux, et lui dit en sanglotant : « Monsieur, je suis X... et vous devez bien me connaître, puisque j'ai eu l'honneur d'être votre compagnon d'école, et que nous avons été plusieurs années dans la même pension et la même chambre. Mais, en vivant avec vous, je n'ai pas vécu comme vous. Au lieu de profiter de vos exemples, je me suis livré au libertinage ; et quoique, dans la suite, je sois entré dans le sacerdoce et que j'aie été pourvu d'une bonne cure en ce pays-ci, mon caractère et mes obligations ne m'ont pas rendu plus sage. Vous savez ce qui m'est arrivé depuis, et la honte que j'en ai ne me permet pas d'en dire davantage. J'ai été à Rome, tant pour éviter le supplice auquel j'avais été condamné, que pour y expier mes fautes et obtenir mon absolution de Sa Sainteté. J'en reviens ; la nouvelle qui s'est répandue que Son Altesse était rentrée dans ses Etats, m'a fait même précipiter mon retour ; et comme j'apprends que ce prince doit demain faire ici son entrée publique et que, le même jour, les prisons seront ouvertes aux criminels, je viens vous demander, Monsieur, non comme à un procureur-général, mais comme à une personne qui m'a autrefois honoré de son amitié, si, me constituant prisonnier, je puis espérer ma grâce. »

« Mon père, s'étant rappelé sur-le-champ toutes les aventures de ce prêtre qui avaient fait grand bruit, se trouva extraordinairement ému ; et, après avoir pensé quelque temps sans rien dire, il lui répondit, avec un serrement de cœur qui lui permettait à peine de respirer : « Mon cher Monsieur, je vous reconnais ; je suis pénétré de douleur de la triste situation où vous êtes. Je le suis encore plus de ne pouvoir y remédier.

« J'ai la liste de tous les criminels de nos prisons, avec le détail des cas dont ils sont coupables. La plupart obtiendront leur pardon et leur liberté ; mais il y en a d'autres dont les forfaits sont si graves, que l'avènement même du souverain ne les garantira pas du supplice. Vous êtes du nombre des derniers, et votre crime est si énorme dans toutes ses circonstances, que le meilleur conseil que je puisse vous donner est de fuir incessamment, et de ne pas me mettre dans la cruelle obligation de vous punir. Je suis au désespoir de vous parler ainsi ; mais mon emploi m'y contraint, et, malgré toute ma sensibilité naturelle pour les malheureux, les devoirs de mon ministère l'emporteront toujours sur les mouvements de ma compassion. »

« A ces paroles, le prêtre infortuné tomba, comme s'il avait été frappé de la foudre ; il se roula par terre, il gémit, il redoubla plusieurs fois, à mains jointes, ses supplications ; mais le procureur-général, malgré son trouble et ses agitations intérieures, tint ferme ; et le condamné, voyant enfin que tous ses efforts seraient inutiles, sortit tout à coup, en homme désespéré et en jetant de hauts cris, sans que, depuis ce temps, mon père en ait jamais entendu parler. »

Le récit de cette scène, que je n'ai pas voulu abréger, est, ce me semble, nécessaire à relater. Pendant la nuit, en tête à tête, sans autre protection que le voisinage d'une servante, Bourcier résiste aux supplications d'un désespéré, que la fureur pouvait facilement porter au crime. On voit que, si Bourcier avait peur des vagues ou même des vengeances, le fidèle défenseur de la loi bravait le danger, lorsque son devoir était en cause.

CHAPITRE V

Les négociations auxquelles Bourcier avait pris part, pendant les premières années du règne de Léopold, avaient donné la preuve de ses talents, de sa probité parfaite et des avantages que son humeur gaie et facile lui assurait dans les rapports, souvent tendus, avec les chancelleries étrangères. En 1713, il se présenta une occasion importante d'utiliser les aptitudes diverses du procureur-général.

La Lorraine s'était trouvée dans la situation la plus pénible, durant tout le cours de la guerre de la succession d'Espagne. Nos places fortes étaient occupées par les Français ; si la guerre n'avait pas dévasté les duchés, cette bonne fortune n'était due qu'à l'impuissance des ennemis de Louis XIV ; car, en dépit de la neutralité officielle de Léopold, l'occupation faisait de la Lorraine une province française.

Léopold rongeait son frein à Lunéville. Il suivait avec une attention passionnée les péripéties de la guerre. Le représentant de la France, M. d'Audiffret, exerçait sur lui un patronage dur et soupçonneux, mais non très injuste, car il était évident que le souverain ainsi à demi dépossédé, faisait intérieurement les vœux les plus ardents pour le succès des armes des coalisés. Si la France restait victorieuse, nul doute que la Lorraine ne dût être réunie à la couronne ; vaincue, au contraire, l'intérêt des alliés serait de créer un grand Etat-tampon, comme on le dit aujourd'hui, entre la France et l'Allemagne. Léopold se voyait donc dans l'alternative de perdre ses duchés, ou de ceindre son front d'une couronne royale. Le nom du nouveau royaume était déjà connu ; le roi d'*Austrasie* aurait réuni les duchés de Bar et de Lorraine, l'Alsace, les Evêchés et le Luxembourg. Ce rêve fut sur le point de se réaliser, après les grandes défaites des armées françaises. La disgrâce de Marlborough, la victoire de Denain sauvèrent la patrie, et comme ni la défaite ni le succès n'avaient été complets, l'alternative disparut ; point de royauté, point d'annexion ; il fut convenu tacitement entre les belligérants que la Lorraine continuerait à exister comme par le passé.

C'était là, pour Léopold, une amère déconvenue ; il avait prodigué les millions pour gagner à sa cause les grands chefs des puissances coalisées. Marlborough, entre autres, avait reçu des sommes immenses du duc de Lorraine. Une intrigue de cour, une ligue dans le Parlement avaient renversé le ministère qui protégeait le grand général anglais. On avait oublié ses victoires, on ne se souvenait que de ses déprédations ; et d'ailleurs, la reine Anne méditait de rendre sa couronne à son neveu, au lieu de la laisser tomber sur le front d'obscurs et avides cousins allemands.

Le congrès d'Utrecht eut pour tâche de régler définitivement les conditions déjà ébauchées par les préliminaires de Londres, de la paix entre l'Angleterre, les Provinces-Unies et la France. Quant à l'Empire, bien qu'il ne se refusât pas à négocier, il faisait entendre qu'au besoin il continuerait seul la guerre.

Léopold comprenait que les puissances qui allaient signer la paix ne devaient pas avoir grand souci de la Lorraine, tout en ne voulant pas cependant la laisser disparaître de la carte; mais ce n'était qu'une raison de plus d'envoyer des ambassadeurs au congrès d'Utrecht, Ils devaient y tenir un langage très ferme, et même un peu hautain. On s'efforcerait de persuader aux alliés que la cause du duc était la leur; en tout cas, on protesterait, dernière ressource du droit impuissant. Ce qui rendait la tâche des envoyés de Léopold presque désespérée, c'était l'hostilité secrète de la Hollande, qui considérait les Lorrains comme des ennemis. Les souvenirs des guerres de religion, l'antagonisme des Guise et des Nassau, étaient encore bien vivants dans la mémoire des protestants. La catholique Lorraine ne pouvait donc être sympathique aux petits-fils des gueux ou des têtes rondes, à la Hollande et à l'Angleterre.

Les envoyés choisis par Léopold pour défendre ses intérêts dans le congrès furent MM. Lebègue, de Forstener et Bourcier. Ce dernier avait reçu le titre de baron de Moineville, pour rehausser son importance dans cette réunion des premiers diplomates de l'Europe.

Nous ne nous étendrons pas sur les longues et difficiles négociations du congrès, qui durèrent quinze mois, parce qu'elles ne rentrent pas directement dans notre sujet. Nos Lorrains y jouèrent un rôle très effacé et nul, en résumé, puisque le nom du duc de Lorraine ne fut même pas prononcé dans l'acte final. L'Angleterre, la Prusse, la Savoie et les Etats généraux ne montrèrent aucun souci de la Lorraine réduite à ne compter que sur l'Empereur, qui n'avait pas voulu figurer au traité.

Ce ne fut pas assurément la faute de nos diplomates, mais celle de la cause qu'ils avaient à défendre, car on rendit justice à leur habileté et à leur zèle.

Nous laisserons donc l'ambassadeur Bourcier, expliquer, répliquer, protester fort inutilement ; et nous ne le suivrons que dans la vie privée qu'il mène à Utrecht, et que nous raconte spirituellement son fils.

Les congrès du XVIIe et du XVIIIe siècle furent, généralement, d'une durée très longue. Plusieurs mois au moins, et parfois plusieurs années, se passaient à discuter les conditions d'une paix qu'une partie, au moins, des belligérants n'était nullement pressée de conclure. Les guerres d'alors n'avaient pas le dénouement rapide et foudroyant qu'elles nous montrent dans ce siècle. De petites armées se battant sur un terrain assez restreint et hérissé de places fortes, des voies de communication mauvaises en tout temps, impraticables dans la mauvaise saison, contribuaient encore à rendre les opérations lentes et peu décisives. Il en résultait, comme on continuait à se battre, tout en traitant, que le moindre avantage militaire, de part ou d'autre, modifiait les prétentions des belligérants. Joignez à cela quantité de préoccupations de second ordre, mais auxquelles on attachait alors grande importance. L'étiquette en était une. Qui aurait le pas? qui ferait les premières visites? qui découvrirait d'abord ses cartes? Ajoutez encore l'intérêt des négociateurs à ne pas voir le dénouement trop prompt des affaires, auxquelles ils devaient leur rôle et leur grandeur passagère. Dans une succession, un partage ou une liquidation, réunissez des hommes de loi représentant des intérêts nombreux et opposés, vous n'observerez pas, je le suppose, une hâte immodérée de conclure. Les gens d'affaires des puissances apportaient la même sage lenteur dans leurs travaux.

Aussi, dans les congrès, la part faite au devoir, nos plénipotentiaires s'arrangeaient pour passer le plus agréablement possible, les heures nombreuses où ils n'avaient pas de besogne active. Ils prétendaient que ce n'était pas là du temps perdu, et que le jeu, la table, les concerts, les bals offraient mille occasions, uniques et précieuses, de s'entendre, de se deviner ou de se tromper.

Léopold attachait grand prix à être dignement représenté au congrès. Bourcier avait reçu le titre de baron et avait été doté d'émoluments considérables ; on désirait, en outre, qu'il tînt maison. Mais, sur ce dernier chef, le procureur-général avait supplié qu'on épargnât à lui cet honneur, et au duc cette dépense. Habitué, comme nous l'avons vu, à une vie austère, n'aimant le monde que par échappées, passionné pour le travail, Bourcier laissait à ses collègues la partie décorative de leur rôle. Il était surtout un plaisir auquel il se refusait obstinément, celui du jeu. Il n'avait jamais tenu une carte de sa vie, était fort économe, par nature, et tenait les joueurs en petite estime. Tout opposés étaient les goûts et les habitudes des autres plénipotentiaires, qui passaient une grande partie de la journée et de la soirée à des tables de pharaon.

Bourcier avait emmené son fils, l'auteur des Mémoires, avec lui, pour le former aux négociations et aux belles manières. C'était un jeune homme sage, très respectueux de l'autorité paternelle, manifestant déjà les talents et l'aptitude au travail qu'il tenait de sa race, mais parfois subissant les entraînements de son âge et n'échappant pas aux inconséquences irréfléchies de la vingtième année.

Bourcier, le père, était donc tenu de donner l'exemple de la rectitude de la conduite à son fils, et il n'y manquait pas. Cependant nous allons voir cette vertu austère à une épreuve assez forte, et plaisamment contée par l'auteur des Mémoires.

Les loisirs que laissait aux diplomates du congrès la lenteur des négociations étaient diversement occupés. De longs repas, parfois des bals, mais surtout le jeu, voilà ce qui consolait nos emmurés d'Utrecht. L'après-midi, on se rendait d'ordinaire dans l'hôtel d'un d'entre eux, et l'on jouait au pharaon. Généralement, la partie durait jusqu'au souper; souvent elle reprenait dans la soirée et ne se terminait qu'au matin. C'était, en quelque sorte, la tradition au congrès ; c'est ce qui faisait dire plaisamment au chevalier Jenkins, plénipotentiaire lors de la paix de Nimègue, que la médiation anglaise ne pouvait manquer de réussir, puisqu'elle était toujours sur pied. En effet, Jenkins passait sa nuit au jeu ; et son collègue Temple, la journée au travail.

Un jour cependant, notre envoyé lorrain fut tellement sollicité de s'asseoir à une table de pharaon, chez son collègue Lebègue, qu'il y consentit par complaisance. On lui explique les tableaux et le jeu, qui n'est pas très compliqué. La perspective de gagner trois fois, sept fois et jusqu'à quinze fois sa mise, lui sembla fort attrayante. « Voilà un jeu qui, en dépit de son nom, a bien des appas, » dit-il, et il se mit à ponter.

Il gagna, prit goût à la chose, et ne

partit qu'au petit jour, ayant gagné une cinquantaine d'écus. Il dormit d'un très bon sommeil et ne se leva que pour le dîner, qui avait lieu à midi.

Son fils, qui avait assisté à la partie, s'était néanmoins retiré de meilleure heure que son père ; et il lui fit compliment, au repas, de sa bonne fortune et de l'adoucissement de son humeur solitaire. Bourcier grommela qu'il fallait, de temps en temps, se prêter aux fantaisies du monde et, aussitôt levé de table, reprit le chemin qui menait au pharaon. Nouvelle nuit au jeu, sans gain ni perte appréciable.

« Le dîner du lendemain lui parut long, dit son fils, et je lui remarquai quelques mouvements d'impatience. Il me dit même, en baissant la voix, qu'il semblait qu'on ne fût au congrès que pour manger et boire. Enfin, on se lève, on passe dans la chambre du sacrifice ; on prépare la table et les cartes ; le grand sacrificateur se place, et le nouvel enrôlé le suit immédiatement : la joie était peinte dans ses yeux, il mêlait sans cesse son livret et trouvait que le banquier battait trop le sien. La scène s'ouvre, sa perte commence en même temps, il ètait presque toujours face (?). Sa physionomie change et son malheur continue ; il repique, et plusieurs cartes tombent du mauvais côté. Il se lève et se promène un instant, et tout de suite revient au jeu. Cette petite scène amusait infiniment tous les spectateurs, qui riaient sous cape et se disaient, de temps en temps, quelques bons mots à l'oreille sur le plaisant de l'aventure ; la perte redouble, la bourse du malheureux diminue à vue d'œil, enfin elle se vide jusqu'au tuf. Tout le monde lui offre la sienne, avec empressement. Il s'en défend ; on lui jette de l'or ; il le joue encore et le perd. L'aurore approchant, le banquier offre encore une dernière taille. On invite mon père à faire un dernier effort, on consent de lui passer le doublet, même la dernière carte ; et chacun, d'une voix unanime, lui annonce un sort plus heureux; mais point du tout. Alors, un peu trop tard, vaincu de prudence, il demeure inflexible, regarde finir, et s'en va avec perte d'environ quinze louis au-delà du gain qu'il avait fait.

« Le lendemain, je tournai beaucoup autour de son appartement, sans vouloir entrer. Sa perte était une bagatelle ; mais je sais ce que pense un homme qui n'a jamais joué, et qui perd quinze louis pour son coup d'essai.

« Cependant je pris courage, j'ouvris et, l'abordant d'un air gai, je me proposai, pour le dissiper, de lui conter les nouvelles du jour ; mais, imprudemment, j'allai dire que, la veille, un jeune seigneur qui était venu au congrès par curiosité, avait perdu cent louis au pharaon, dans un café public. « Il faudrait, répondit brusquement mon père, le faire enfermer ! C'est un jeu ruineux ; et je suis surpris qu'on le souffre, dans un gouvernement aussi sage et dans un Etat aussi policé que la Hollande. Je conviens qu'il est séduisant ; et d'abord, il m'avait flatté, mais ce n'était que pour me trahir plus sûrement. »

Après quoi, prenant un air plus serein, il ajouta en plaisantant : « Pharaon m'a traité pis qu'un hébreu ; et pour me venger, je voudrais, de tout mon cœur, qu'il fût englouti dans la mer Rouge ; en tout cas, je rentre dans mon désert, et je ne crois pas qu'il m'y poursuive. »

Effectivement, depuis ce grand jour, il

ne parut plus à l'assemblée. C'est la seule débauche que je lui ai vu faire de ma vie, et je ne doute pas que le bon Dieu ne la lui ait pardonnée, car il en eut un vrai repentir. »

La sagesse du procureur-général eut bientôt à s'exercer sur un autre sujet ; et nous retrouverons, dans sa conduite, le bon sens dont il fit toujours preuve.

Son fils n'habitait pas avec lui. Il avait loué un logis dans une belle maison appartenant à une famille hollandaise fort riche, composée d'un frère et de trois demoiselles qui n'étaient plus de la première jeunesse.

Le frère vint à mourir. Bourcier, le fils, n'avait pas été au service funéraire de son propriétaire, et ne rendait aucun soin aux maîtres du logis. Il apprend que les sœurs du Hollandais devaient être riches à millions. La beauté de cette cassette fait réfléchir notre Lorrain, et il consulte son père sur l'opportunité qu'il pourrait y avoir à profiter de l'aubaine. Le procureur-général consentit volontiers à ce que désirait son fils ; et il fut convenu que, comme entrée en matière, le jeune homme irait s'excuser auprès des demoiselles de son impolitesse.

Nous avons dit qu'elles étaient au nombre de trois. Les deux cadettes, d'une laideur sans pareille, déclaraient qu'elles ne voulaient pas se marier ; l'aînée seule, moins disgraciée de la nature, songeait à s'établir.

Bourcier nous raconte assez plaisamment son aventure.

La consultation s'était passée à la table de M. Lebègue, devant plusieurs amis, qui tous pressent le jeune homme de ne pas laisser échapper une occasion aussi favorable.

« Mais il ne me fallait pas tant de rhétorique, pour me convaincre que des filles à millions paraissaient fort à ma convenance... et déjà tout bouillant d'une amoureuse ardeur, je sors de table avant le fruit, aux acclamations des convives. Je pars, je vole, j'arrive et je frappe. Je m'annonce comme voisin, sous le nom du fils de M. le baron de Moineville, ministre de Lorraine. Le domestique va sur-le-champ en donner part à sa maîtresse, revient aussitôt et m'introduit.

« J'entre dans une maison qui avait au suprême degré toute la propreté hollandaise, avec un fort beau jardin. On ouvre la porte de l'appartement des dames, qui étaient en très grand deuil, assises, chacune un mouchoir à la main, et d'un air aussi lugubre que celui de la matrone d'Ephèse.

« Je compose mes gestes et mon visage, en faisant de profondes révérences. Je débitai mon compliment, d'un ton convenable à leur douleur. L'aînée, qui parlait assez bien français, y répondit de la manière du monde la plus gracieuse, en me disant qu'on ne pouvait pas trouver à redire qu'un étranger, aussi nouveau que moi dans la province, en ignorât les usages.

« On me présente un siège ; je débute par des éloges du frère, dont cependant je n'avais rien ouï dire, sinon qu'il était mort et enterré ; ensuite je m'étendis sur les agréments de la Hollande. Je vantai beaucoup la douceur, l'esprit, la franchise et la beauté du sexe. J'ajoutai, à ce sujet, je ne sais quoi qui les fit, tout à coup, et toutes trois éclater de rire ; et dès lors, le mouchoir ne convenant plus, chacune d'elles le remit dans sa poche. Un changement de scène aussi prompt nous mit tous de bonne humeur ; la conversation devint amusante, et il fut alors aussi peu question du défunt que s'il n'avait jamais existé.

« Enfin, après une heure et demie d'entretien, je me levai, et leur demandai la permission de pouvoir venir, de temps en temps, leur faire ma cour. L'aînée, qui était l'orateur de la famille, me répondit en propres termes que je leur ferais beaucoup d'honneur et de plaisir.

« Je recours chez mon père, content comme un roi ; mais à peine eus-je ouvert la bouche, qu'il me demanda avec inquiétude de quel âge et de quelle figure était la doyenne de ces demoiselles ? Je lui dis que, sans être belle, elle était avenante ; qu'elle avait du teint, de l'embonpoint ; que c'était une fille de trente-deux à trente-trois ans.

« Comme je n'avais que vingt-cinq ans, cette différence déjà le fit sourciller. Cependant il convint que ma négociation était bien entamée, et m'invita à la suivre. »

Le jeune homme ne se fait pas prier pour obéir ; il retourne souvent chez les demoiselles, et l'aînée semble le regarder de l'œil le plus favorable, ce qui n'étonnera pas quand on saura que J.-Louis de Bourcier, comme son père et son grand-père, était fort beau et, de plus, aimable et gai. Il devait avoir le don de conter, car le petit tableau de Metzu ou de Terbourg qu'il vient de nous esquisser, me semble très joliment composé. Ne se représente-t-on pas une grande chambre lambrissée de boiseries sombres, où la lumière ne se joue que sur les cuivres reluisants d'un lustre et de quelques appliques; une grande cheminée à manteau, une table recouverte d'un tapis et, sur trois escabeaux de bois, trois vieilles filles assises, en robe noire, dont la couleur tranche avec une collerette empesée, blanche, et une grande cornette de toile. Elles inclinent la tête devant un jeune cavalier, qui égaye toutes ces obscurités par un costume brillant de velours et de soie, et qui débite son compliment, en tortillant entre ses doigts son vaste chapeau à plumes.

La cour du jeune Bourcier prenait fort bonne tournure. La vieille fille s'humanisait de plus en plus, si bien que le père du prétendant voulut enfin se rendre compte, *de visu*, de la figure de sa bru future. Il se rendit à la messe où assistaient nos Hollandaises, et recula épouvanté de l'aspect de la future. Non qu'elle fût très laide ; mais elle lui sembla avoisiner de bien près la quarantaine.

« Ce mariage est impossible, » dit le vieux magistrat, qui aurait cependant dû être plus sensible aux beaux yeux de la cassette, qu'à ceux de la demoiselle. Le jeune homme n'était pas de cet avis ; mais alors le respect familial était si grand, que notre amoureux s'inclina, espaça ses visites, et finit par les supprimer.

Pour se consoler ou se distraire, il annonça à son père qu'il allait faire une courte excursion en Angleterre. Celui-ci ne s'y opposa pas tout d'abord ; mais, comme son fils connaissait l'horreur du plénipotentiaire pour cet *élément perfide*, il se contenta de l'informer de son départ, quelques heures avant de s'embarquer, avec une compagnie de jeunes gens fort délurés. Mais le port d'embarquement était très voisin d'Utrecht. A l'annonce de ce départ, le baron de Moineville envoie sur-le-champ un exprès à son fils. L'envoyé rencontra notre voyageur, au moment où ce dernier se trouvait sur la planche qui communiquait du rivage au yacht. « Une lettre pressée de votre père, » lui dit le messager. Bourcier la décacheta ; elle était ainsi conçue :

« Nous venons d'apprendre, mon fils, que M. Harrisson, secrétaire d'ambassade d'Angleterre, a péri en passant la mer dans un gros temps, se rendant à Londres ; et la peur effroyable où je suis que vous éprouviez le même sort me détermine à vous commander de revenir. Obéissez sur-le-champ, ou vous encourrez ma malédiction. »

Bourcier est au désespoir ; néanmoins, en fils soumis, il raconte sa déconvenue à ses compagnons de voyage, et leur annonce qu'il va les quitter. Ceux-ci protestent ; une jeune comtesse allemande, de grande naissance, crie plus fort que les autres ; puis nos étourdis se jettent sur Bourcier, aux instigations de la dame : on le ligotte, et on l'attache sur un banc ; le vaisseau appareille et part.

La résistance de Bourcier fut-elle bien sérieuse ? Il est permis d'en douter. Mais, en tout cas, le messager, témoin de la violence, put en rendre bon compte, et adoucir la colère paternelle par son récit.

D'Angleterre, le jeune Bourcier, après un séjour de quelques mois, revint à Paris, tandis que le ministre plénipotentiaire retournait à Nancy. La légation lorraine avait complètement échoué. Léopold n'en fut pas fort surpris, et, loin d'en vouloir à ses ambassadeurs, les combla de faveurs à leur retour.

Le procureur-général reprit ses fonctions ; il désirait avoir auprès de lui cet aîné, objet de ses préférences. Il cherchait à le marier ; et trouvait le séjour de Paris un peu long et fort dangereux pour son héritier. Il lui intima donc l'ordre de revenir.

Mais notre jeune homme s'amusait à Paris. Pour motiver ses retards, il écrivit à son père qu'il était malade. Cette indisposition n'était pas fort dangereuse, mais rendait un voyage impossible pour l'instant. Le procureur-général aimait passionnément son fils ; il répond en exigeant un bulletin quotidien de la maladie. Le faux malade n'y manque pas : tantôt il est mieux, tantôt il est plus souffrant. Un jour, il va partir ; le lendemain, la Faculté le lui défend. Mais voici que le jeune Bourcier, ayant fait une partie de plaisir qui l'avait retenu vingt-quatre heures hors de son logis, manque un courrier. Laissons-lui conter les suites de son inexactitude ; on ne saurait le faire plus gaîment.

« Un matin que mon laquais me donnait ma perruque pour sortir, il vint à l'hôtel d'Espagne, rue de Seine, où je logeais, une fille qui servait dans une maison de la rue de Richelieu, où j'allais tous les jours, qui me dit en entrant dans ma chambre : « Ma foi, Monsieur, je crois Monsieur votre père à Paris. »

« Pour tout autre que pour lui, j'aurais gagé qu'il n'en était rien, et que la femelle voulait rire. Mais, convaincu que j'étais de son excessive bonté pour moi, je ne balançai pas un instant à croire la nouvelle, dont je fus étouffé.

« Je lui fis, comme un extravagant, cinq ou six questions tout de suite, sans la laisser répondre. Enfin elle me dit que, la veille, vers les dix heures du soir, elle avait vu, par hasard, arriver à la porte d'un seigneur, vis-à-vis de chez ses maîtres, une chaise de poste avec un domestique à cheval, et qu'un quart d'heure après, étant allée par curiosité demander à l'hôtesse le nom du courrier, cette femme avait répondu que le valet avait refusé de le dire, mais qu'en même temps ce garçon lui avait déclaré que c'était un monsieur de Lorraine, qui venait voir son fils malade à Paris. En un mot, me dit la femme de chambre, c'est sûrement Monsieur votre père ; car le laquais m'a encore désigné son âge et sa figure, et quoique je ne l'aie jamais vu, mes maîtres me l'ont dépeint si souvent, que c'est le même homme. Ainsi, prenez vos précautions. »

« Je remerciai cette fille, avec plus de douleur que de reconnaissance, d'un avis si salutaire ; et, presque hors de moi-même, je ne laissai pas de conserver assez de présence d'esprit, pour me diriger dans un pas si critique. Je me déshabillai sur-le-champ et me remis au lit ; en même temps, j'envoyai mon laquais chez un religieux de mes amis qui, depuis quinze ans, battait le pavé de Paris, et que je connaissais pour l'homme de l'univers le plus intrigant et le plus propre à me tirer d'embarras. Je lui fis conter le détail de ma mauvaise fortune. Il fut prié d'y apporter sans retard le remède nécessaire, et surtout d'envoyer chez toutes les connaissances de mon père, dont il était instruit comme moi-même, pour qu'on dît partout que j'étais réellement malade.

« Ce plan réussit à souhait ; et au bout d'une demi-heure, je vis entrer mon officieux ami, avec un médecin et un apothicaire, et, pour ainsi dire, le rebut et la lie des disciples d'Hippocrate, mais qui, par cet endroit-là même, me convenait mieux que d'autres, en qui l'honneur eût égalé la capacité et la réputation ; aussi me promirent-ils tout ce que je voulus, et me tinrent parole.

« Il n'y avait pas un quart d'heure que nous tenions conseil sur nos opérations, lorsque mon père entra, dans le moment où je tenais en main un bouillon d'eau chaude, que l'on m'exhortait d'avaler.

« Je sentis aussitôt une palpitation de cœur étonnante ; et je suis bien sûr que le sien n'était pas moins agité, mais pour un motif bien différent.

« Je me flattai que la peur me donnerait de même quelque émotion dans le sang, qui pourrait lui en imposer ; mais il n'en fut rien.

« Il s'approcha de mon lit avec inquiétude, en me demandant avec tendresse des nouvelles de ma santé. Je lui répondis, d'un ton faible, qu'elle allait beaucoup mieux, et que je comptais d'être incessamment sur pied.

« Il ouvrit tout à fait les rideaux ; et me tâtant le pouls et m'examinant, il dit que je ne lui paraissais point changé, et qu'il me trouvait sans fièvre.

« Alors le médecin, empaumant la parole, lui dit un long détail du mal, de ses symptômes, et du succès des remèdes qu'il avait ordonnés.

« Ce fut une kyrielle de saignées, de purgations, d'anodins (?), de quinquina, de juleps et de cordiaux, avec des expressions si grotesques et si extravagantes sur la nature de la maladie, que mon père, qui en savait plus que lui sur la médecine, le regardait avec étonnement et jugeait, sans doute, qu'à Paris comme ailleurs, il y avait des ânes dans toutes les professions. L'apothicaire y voulut aussi mettre son grain de sel, et il enchérit sur les impertinences du docteur.

« Enfin mon ami couronna pieusement l'imposture, en assurant que tout ce que messieurs avaient l'honneur de lui dire était vrai, et qu'il en avait été le témoin. Le résultat fut que toutes mes humeurs avaient été évacuées, et ma fièvre dissipée; que j'avais recouvré l'appétit et le sommeil ; que le lendemain je pourrais sortir, et partir dans trois jours.

« Mon père fut charmé de me trouver en si bon état. Ses alarmes cessèrent tout à coup; son visage devint serein, et jamais je ne le vis d'aussi bonne humeur. Il remercia, dans les termes les plus pathétiques, mon ami de toutes les peines qu'il avait eues de moi; et, au bout d'une demi-heure, il dit qu'il allait profiter de l'occasion pour faire visite à ses connaissances, et qu'il me reverrait dans l'après-midi.

« A peine fut-il sorti, que je congédiai mes deux escrocs, qui se firent payer plus chèrement de leur fourberie, que si j'avais réellement reçu toutes les visites et pris tous les remèdes dont ils venaient de faire impudemment un monstrueux étalage, aux dépens de la vérité.

« Ils furent accompagnés de mon fidèle Achate ; et pour lors, faisant de sérieuses réflexions sur l'extrême amitié de mon père, et sur la nouvelle preuve qu'il venait de m'en donner, je me repentis vivement de lui en avoir imposé ; et mes remords furent si cuisants, que je serais un grand saint si j'en avais autant du reste de ma conduite. »

Ce récit n'est pas fort édifiant, bien qu'assez spirituellement fait. On y voit un père d'une extrême tendresse, d'un âge avancé, s'imposant un voyage difficile et cher en ces temps, pour aller visiter son fils, qu'il croit très malade. Celui-ci fait l'école buissonnière à Paris, justifie son séjour trop prolongé, par un fort vilain mensonge ; car il connaît la passion de son père pour lui. Il a ensuite recours à une comédie, où il fait jouer au procureur-général de Lorraine le rôle de Cassandre, met tous les amis de son père dans le secret de son manque de respect et de sa mauvaise action. Il a recours à une sorte de défroqué, pour berner M. de Bourcier. Nos étonne-

ments ne s'arrêtent pas là. Ce méchant moine est bien connu ; et cependant il est l'ami de ces Lorrains de marque qui résident à Paris ; il va dans leurs maisons, il est leur familier.

A toute époque, il y a eu de mauvais prêtres ; mais le nombre en était restreint au XVIIe siècle. La foi était vive alors ; de nombreux et d'admirables pénitents se retiraient au faubourg Saint-Jacques, pour y vivre, bien que laïques, d'une vie pénitente ; l'abbé de Rancé avait fondé la Trappe, et l'esprit de saint Vincent-de-Paul lui survivait et se répandait avec les Lazaristes et les Filles de la charité. A ne voir les choses que de ce côté, on regrette ces bons vieux temps, cette foi sincère, ce respect des parents, cette forte vertu, ces morts édifiantes. Oui ; mais, en regard, placez cette indulgence singulière, ces grands désordres ecclésiastiques, ces haines religieuses, et les passions humaines, aussi débordées que de nos jours.

Nous sommes de bien mauvais juges du passé. Celui-ci offre un fond commun, où détracteurs et apologistes trouvent également à puiser. Il y a un siècle, la Révolution française, avec tous ses crimes, ses folies, ses erreurs, ravageait la France. Cela gêne un peu les « *laudatores temporis acti.* » Cette société ancienne, si complètement et si promptement en ruines, montrait ainsi la fragilité de sa base. « Il y avait, comme dit Carlysle, un grand mensonge derrière le rideau. »

Dieu seul est le juge des consciences, des cœurs et des temps. Le jeune Bourcier, qui vient de jouer cette comédie que Gil-Blas eût contée à peu près dans les mêmes termes, fut cependant un véritable homme de bien. Rien de plus digne que sa vie, les effervescences de la jeunesse dissipées ; rien de plus noble que sa conduite publique, rien de plus sincère que cette âme de gentilhomme et de magistrat. Ne soyons pas trop sévères, ni pour nos ancètres, ni même pour nos contemporains. Les révélations de la terrible vallée nous réservent bien des surprises !

Le procureur-général ramène donc son fils à Nancy. Son journal manuscrit, édité et commenté de nos jours si savamment par M. de Souhesmes, n'indique nullement qu'il devina lafraude de son fils. Le seul qui eût pu lui révéler la vérité, M. de Barrois, ministre de Lorraine à Paris, son ami, et qui ne faisait que rire, nous raconte Jean-Louis, quand le père lui parlait de la maladie de son fils, ne pousse pas plus loin la franchise ; et il semble qu'il ne conçut pas trop mauvaise opinion du jeune homme, puisqu'il lui donna sa fille, deux années après, en mariage.

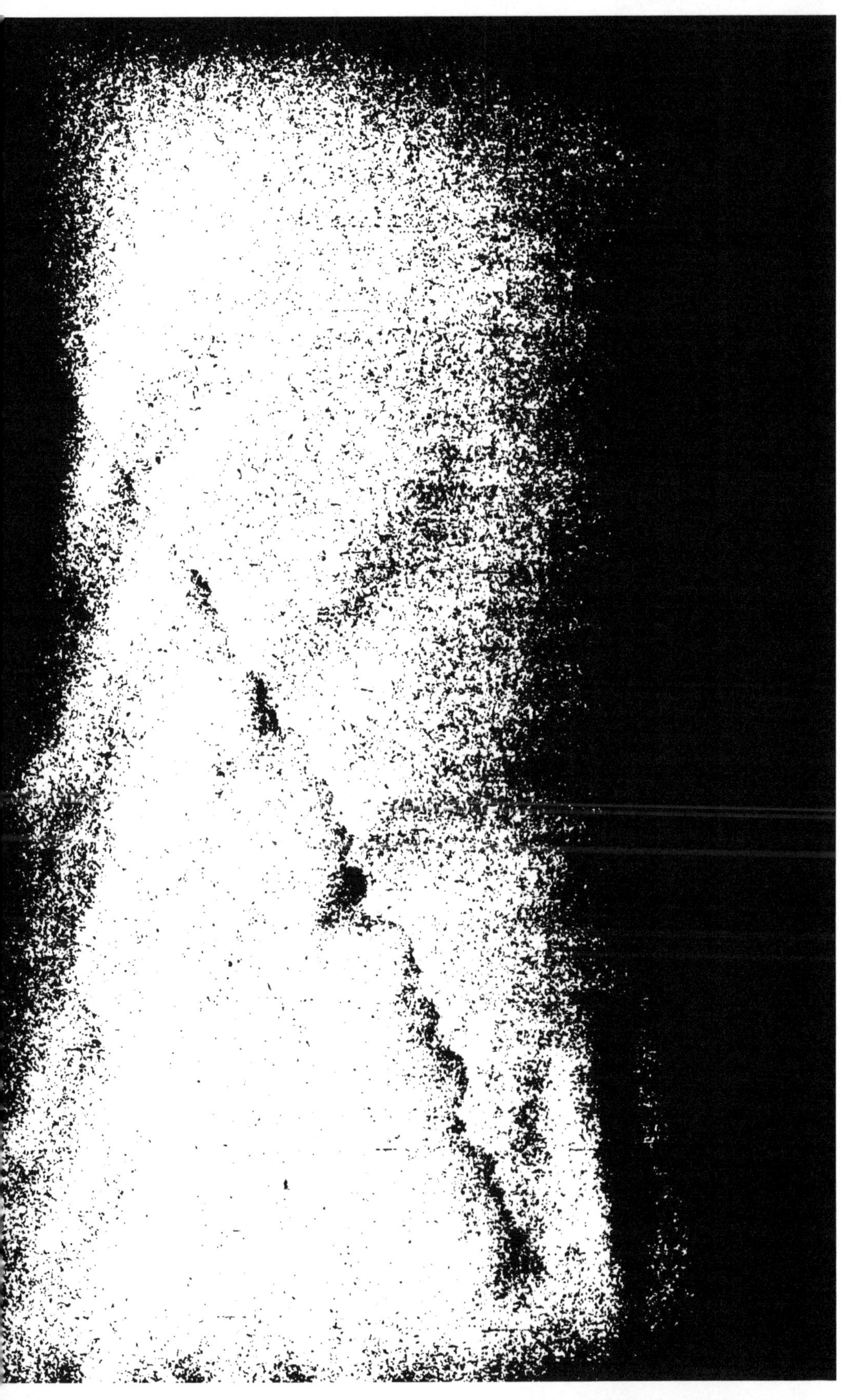

CHAPITRE VI

De retour en Lorraine, le procureur-général dut assister aux obsèques du frère de Léopold, mort de la petite vérole à Lunéville (1715), et qui furent suivies, de fort près, par celles d'un autre de ses frères, le prince Charles, électeur de Trèves, qui succomba à la même maladie, à Vienne.

La petite vérole était le fléau de l'Europe. Devons-nous la croire plus maligne alors que de nos jours, ou est-ce à l'étrange médication à la mode qu'il faut attribuer ses ravages ? On saignait, on saignait à tout propos, et, dans les éruptions, on redoublait ce remède. Aujourd'hui, la saignée passe pour mortelle en pareille circonstance. Les maisons royales semblaient particulièrement les victimes des épidémies. On se souvient de cette famille de Louis XIV, si brusquement et si tragiquement frappée, et des soupçons de poison que firent naître ces morts soudaines et nombreuses.

Léopold fut donc fort affligé de la perte

de ses deux frères. Cependant il se contenta de les pleurer, et ne confia pas à son procureur-général, de nouveau, l'étrange commission dont il l'avait chargé quatre années auparavant, dans des circonstances encore plus tragiques.

C'était en 1711. En quelques jours, Léopold perdit à Lunéville trois de ses enfants, de la petite vérole. Le désespoir du duc fut horrible. Ce prince était sincèrement religieux ; il pensa que son affliction était le châtiment de ses fautes, et que Dieu le punissait comme David.

Le procureur-général, qui habitait Nancy, est subitement mandé par le duc à Lunéville.

« Il était, nous dit son fils, abîmé dans sa douleur, quand le procureur-général entra dans son cabinet, où il fut près d'un quart d'heure sans être aperçu.

« Mais ce prince, revenant tout à coup comme d'une léthargie, se leva de son siège et, se promenant à grands pas, il prononça quelques paroles mal articulées et qu'on ne pouvait comprendre.

« Cette scène lugubre dura longtemps. Mon père suivait ses pas, sans pouvoir deviner à quoi aboutirait ce début si extraordinaire.

« Enfin le duc lui dit d'un ton plus intelligible : « Bourcier, vous n'ignorez pas la perte que je viens de faire. Je sais parfaitement que tout le public en raisonne, et dit hautement que c'est le châtiment de mes fautes. Qu'en savez-vous ? Parlez franchement ; ne me déguisez rien. »

« Mon père, consterné au dernier point d'une pareille question, lui répondit avec trouble : « Monseigneur, je ne crois pas que personne soit assez hardi pour répandre des discours aussi téméraires, et s'ériger en interprète des décrets de la Providence. Mais, quand même on oserait le faire, Votre Altesse Royale a trop de raison et de solidité, pour être sensible à de si vaines réclamations. Vous savez, Monseigneur, que les plus grands princes ne sont pas exempts des traits de la médisance et de la calomnie, et que le mépris qu'on en fait est la meilleure vengeance qu'on puisse en tirer. A mon égard, je n'ai rien ouï. Uniquement occupé des affaires de mon métier, je suis l'homme de la ville le moins informé de tout ce qui se passe ; et d'ailleurs, personne n'aurait osé me tenir de pareils propos impunément.

« Je vous crois, dit le duc, mais cela ne me suffit pas ; et je veux que, dans ce moment, vous retourniez à Nancy ; que vous vous informiez partout de ce qui se dit de moi, et que vous me rendiez, par lettres, un compte exact, sans ménager les termes et sans aucun déguisement. »

Inquiet et agité au-delà de ce qu'on peut dire d'une commission si rebutante, Bourcier employa tous ses efforts pour s'en défendre : « L'enquète que vous me chargez de faire ne peut, dit-il, qu'opérer de mauvais effets. Par là, j'entretiendrai la curiosité de ceux que j'aurai interrogés et qui ne savent rien. Les bruits qui ne sont peut-être parvenus qu'à peu de personnes, se répandront partout. D'ailleurs, comment l'ordre peut-il s'exécuter ? Ce ne peut être qu'en allant, de maison en maison, écouter ce qu'on dit. Si la personne du procureur-général est suspecte et qu'on demeure muet, il faudra qu'il interroge. Peut-être qu'on ne parlera pas davantage, et que Votre Altesse Royale n'en sera pas mieux instruite. Enfin, Monseigneur, je vous prie de faire attention que je ne sors jamais de chez moi, que pour m'acquitter des devoirs dont je ne puis me défendre ; si je vais partout sans raison, ou par un motif apparent de curiosité, que dira-t-on de me voir faire un personnage si étrange, et que je n'ai fait de ma vie ? »

« Il allait continuer, lorsque le prince, d'un ton aussi absolu qu'il était altier, lui dit : « J'entends tout cela, mais partez ; je veux être obéi. »

« L'orateur ne jugea pas à propos de répliquer et, faisant une profonde révérence, retourna en poste comme il était venu ; et, dès le lendemain et les jours suivants, il fut dans un carrosse faire autant de visites que les plus cérémonieux en acquittent au nouvel an ; et, en ayant ramassé tout ce qu'il put, il en rendit à son maitre un compte aussi scrupuleux qu'il le souhaitait. »

Tout en trouvant la commission, confiée à Bourcier par Léopold, étrange et sans grande utilité, l'auteur des Mémoires fait ressortir avec raison l'humilité du souverain ; et, entrainé par son admiration pour cet excellent prince, il met en parallèle la conduite du duc de Lorraine et celle du roi David, en donnant la préférence au premier. Quand le prophète Nathan vient reprocher au fils d'Isaïe son crime, David s'humilie et se repent ; mais il n'a pas été au-devant du reproche. Léopold, au contraire, s'accuse le premier. Bourcier oublie que David se corrigea : il n'est pas aussi certain que le duc de Lorraine s'amenda pour le reste de ses jours.

Léopold était religieux, il est vrai, mais en même temps très médiocre observateur de certaines lois morales. Il appartenait, par ses principes comme par sa conduite, au XVIIe siècle. Il faisait le mal souvent, mais il s'en rendait compte, et ne le colorait pas de vains prétextes. Cette claire vision et cette sincérité marquent un degré moins abaissé dans l'échelle du bien. L'homme de tous les temps tombe dans les mêmes fautes : ses penchants, ses vices, sa cruauté diffèrent peu. Voyez-le, quand le mince vernis de la civilisation s'effrite ; voyez-le dans la guerre, dans les troubles civils : le sauvage se retrouve tout entier. Mais quand l'humanité appelle le mal, bien ; le meurtre, justice ; le vol, restitution ; la haine de Dieu; philosophie; la satisfaction de ses penchants, obéissance à la nature ; alors elle ne saurait tomber plus bas, elle a ajouté le mensonge au crime. Chacun sait qu'il ment, sait que nul ne s'y trompe ; mais tous sont d'accord pour s'incliner devant le mensonge d'autrui, à la condition qu'autrui, à son tour, ratifiera le vôtre. Comparez, à cet égard, la fin du XVIIIe siècle à celle du XVIIe. Pendant la Révolution, le mensonge est universel et grotesque d'impudence. On ne parle que de liberté, d'humanité, de justice, de droits, de loi, de pudeur, en présence des noyades de Carrier, de l'échafaud toujours dressé, des prisons regorgeant d'innocents, des insurrections constantes, du vol effronté, d'une licence inconnue jusqu'alors ; mais on est convenu de ne pas rougir et de ne pas sourire.

Léopold n'était coupable que de faiblesses de cœur. Il en rougissait, se repentait souvent, et se corrigeait parfois.

8

CHAPITRE VII

Le fils du procureur-général rapporte, à la suite de cette difficile et pénible affaire, divers incidents relatifs à la vie privée de son père. Il nous conte, entre autres, le chagrin que causa à Jean-Léonard l'entrée en religion d'une de ses filles, la préférée, semble-t-il.

Cette jeune personne, âgée de quinze ans, très intelligente et fort jolie, quitta, un jour, sans en prévenir personne, le toit paternel et demanda asile au couvent des dames de la Visitation de Nancy. Les religieuses se prêtèrent, trop facilement peut-être, à l'accomplissement de ce dessein, et le procureur-général apprit, à son indignation, que sa fille se trouvait à l'abri derrière les grilles d'un couvent, dont il ne pouvait immédiatement franchir la clôture. Au parloir, la jeune personne s'exprima avec la plus grande fermeté, déclarant à son père que sa résolution était immuable. La connivence de la mère compliquait la situation, car elle prit ouvertement et avec violence le parti de sa fille. On peut deviner, au travers des termes respectueux dont se sert Jean-Louis, que Mme de Bourcier était d'un caractère assez difficile, qu'elle avait été fort souvent mécontente de son mari, et cela au point, nous l'avons dit, qu'elle songea à une séparation. L'âge avait rapproché les époux ; mais il est probable qu'un fond de rancune subsistait dans le cœur de l'épouse, et qu'en dépit de son éloquence, de ses talents, de sa haute charge, le procureur-général était beaucoup moins craint et respecté au poèle de son salon de compagnie, qu'au palais ou au prétoire. Bourcier s'était muni d'une lettre de cachet ; mais, devant les imprécations de la mère, les pleurs de sa fille, les observations des religieuses, il céda, tout en manifestant une irritation terrible contre son épouse et ses alliées. A la fin, il pardonna, et la jeune religieuse vit son père assister à sa profession. Ce fut une très heureuse et très sainte religieuse, et elle reprit dans le cœur paternel cette place de préférence qu'elle y tenait jadis.

Un frère de la religieuse était entré dans les ordres et s'était fait capucin. Sa santé ne lui permit pas de rester dans cet ordre trop sévère, et après beaucoup de démarches, qui demandèrent pour leur réussite tout le crédit du procureur-général, celui-ci obtint de la cour de Rome sa translation au prieuré des chanoines des Vosges.

Il ne faut pas croire que le procureur-général, malgré l'opposition qu'il fit à la vocation de sa fille, ne fût pas animé de sentiments religieux. Sans doute, il était légiste et trop disposé à se passionner dans les débats alors si fréquents du clergé et de la magistrature ; mais, en dehors de ce cas particulier, il était sincèrement et humblement chrétien. De là, dans sa carrière, certaines divergences entre ses sentiments religieux et ses préjugés de magistrat ; mais tout cela pouvait subsister sans mettre sa conscience à la torture, le prince qui gouvernait étant aussi croyant que son procureur-général et ne poussant jamais à l'extrême la défense de ses intérêts temporels.

Toute cette famille des Bourcier était fort pieuse. Le procureur-général avait un frère, doyen du chapitre de Saint-Mihiel. Ce digne prêtre, plein de zèle, mais d'un naturel doux et conciliant, était adoré à Saint-Mihiel, dont il parvint à faire une petite Salente, aussi morale que pieuse. Il avait appris, nous conte Jean-Louis, que dans une maison de sa paroisse des jeunes personnes, dont les parents étaient peu édifiants, complaisants ou trop faibles, donnaient des soirées et des bals. Il eut recours d'abord, en sa qualité de curé, aux représentations et objurgations d'usage. Mais rien n'y fit. Il résolut alors d'avoir recours à un remède héroïque. Il s'arrangea de façon à être averti, quand une de ces soirées aurait lieu. A minuit, on vient réveiller le doyen, qui s'habille sur-le-champ et se rend à la maison de ces demoiselles. Il frappe, on lui ouvre, il entre et s'assied gravement. La société, composée de jeunes gens des deux sexes, parut fort décontenancée de cette participation du doyen à leur fête. Les étrangers s'éclipsent, et il ne resta que les parents et leurs filles. Le doyen leur fit alors une allocution si touchante et en même temps si pressante, qu'on se jeta à ses pieds, qu'on lui promit de s'amender, et qu'on le fit. Saint-Mihiel devint une cité modèle, sous la conduite d'un pasteur d'une vigilance si forte.

Le procureur-général n'avait pas toujours été aussi austère que le doyen; néanmoins l'âge avait corrigé certains défauts de jeunesse et fortifié ses principes. Un de ses sujets de tristesse était le célibat de son fils aîné, Jean-Louis. Ce récit nous a montré qu'il aimait passionnément ce jeune homme. Mais cette tendresse était celle des pères du XVIIe siècle, c'est-à-dire impérieuse et exigeant le respect absolu. Un fils n'appelait son père alors que Monsieur, et les parents ne tutoyaient pas les enfants. Jean-Louis nous raconte que son père lui donna un jour un soufflet, parce qu'il se refusait à promettre de renoncer à la vie de garçon. Ce ne fut pas, je suppose, cet argument seul qui détermina Jean-Louis à satisfaire aux désirs du procureur-général; mais enfin le jeune homme fixa son choix sur la fille de M. de Barrois, le ministre du duc auprès de la cour de France. Ce diplomate, informé et avisé, qui ne faisait que rire quand le procureur-général, accouru en hâte à Paris sur les nouvelles du danger que courait

son fils, s'étendait sur les détails de la maladie, de la médication et de la triste mine du moribond. M. de Barrois ne prit au sérieux ni la maladie ni les escapades un peu fortes de Jean-Louis, puisqu'il lui donna sa fille en mariage. Il n'eut pas à se repentir de ce choix, et Jean-Louis fut aussi bon chef de famille que grand magistrat.

En 1721, M. de Mahuet, premier président du Parlement de Nancy, vint à mourir. Léopold n'hésita pas sur le choix de son successeur, et fit connaître à Bourcier qu'il eût à quitter les fonctions de procureur-général, pour occuper le poste le plus élevé de la magistrature du duché.

Cette situation était considérable, en France, dans toutes les provinces, sans parler de la place de premier président du Parlement de Paris, qui ne le cédait qu'à celle du garde des sceaux en dignité, mais non en importance. Si un premier président du Parlement de Dijon ou de Toulouse était un fort grand personnage, cependant il n'avait qu'une cour provinciale à diriger. Mais la Lorraine était un Etat, bien que petit ; et la magistrature suprême empruntait à cette qualité un éclat particulier.

Bourcier aurait donc dû se trouver fort honoré du choix de Léopold ; en outre, il avait trop de bon sens pour ne pas se rendre compte de sa très grande capacité ; pendant trente-trois ans, il avait rempli avec éclat les fonctions de procureur-général, après avoir, en outre, été ambassadeur et plénipotentiaire dans des congrès ; tout ce qui concernait l'administration, la justice et les intérêts politiques des duchés lui était familier, et partout il s'était montré habile et intègre.

Néanmoins Bourcier fut, nous dit son fils, au désespoir de ce changement de situation. Il supplia Léopold de revenir sur sa décision ; mais celui-ci, fort absolu, nous le savons, voulut être obéi sans réplique.

Bourcier avait deux raisons capitales pour redouter ce changement d'existence. D'une part, l'âge avait altéré sa santé : il avait soixante et dix ans, et craignait de succomber sous le fardeau. Un premier président était astreint à un travail beaucoup plus pénible que celui d'un procureur-général. En dehors des audiences, Bourcier restait au logis, enfermé dans son cabinet de travail, écrivant, étudiant, lisant. Nous avons dit que ce n'était qu'à l'heure des repas qu'il se retrouvait avec les siens. Quand Bourcier était forcé d'aller dans le monde, il était assurément très gai, galant et d'une causerie charmante ; mais ces soirées ou ces après-midi consacrés à la société étaient l'exception. La plupart du temps, il ne quittait ses pantoufles et sa robe de chambre que pour revêtir la toge du magistrat. Tout autre allait devenir l'emploi de ses journées de premier président. Celui-ci devait recevoir, aller au dehors, prendre part aux fêtes, aux dîners, tenir un grand état de maison.

Le second motif de la répugnance de Bourcier pour ses nouvelles fonctions est plus singulier. Il craignait d'y paraître au-dessous de son rôle et de sa réputation. Cet homme, qui parlait pendant des heures avec une éloquence, un jugement sûr et une érudition que cinquante années de barreau avaient fortifiés, redoutait la tâche, cependant bien plus aisée, de rédiger des arrêts. Il en avait cependant tant entendu prononcer pendant sa vie ! Mais le pli de la pensée et de l'expression était pris. Jean-Louis avoue que son père ne brillait pas dans ce genre d'éloquence spéciale, précisément parce qu'il voulait rester trop orateur et éviter le jargon du palais consacré par l'usage, et qui semblait partie intégrante d'un bel arrêt de la cour suprême.

La résistance de Bourcier aux désirs de Léopold fut telle, que le prince put croire un instant qu'il ne serait pas obéi. La négociation avait duré six semaines. Enfin le duc fit venir le récalcitrant au palais et lui signifia « que, s'il hésitait davantage, il y aurait entre eux un mur d'airain, qui serait impénétrable à jamais et pour lui et pour les siens. »

Il est fort probable que cette menace impressionna vivement la famille du procureur-général, qu'elle joignit ses instances à celles du duc. Bref, Bourcier céda et, pour l'en récompenser, Léopold fit un décret par lequel il donna au premier président la préséance sur les autres chefs des cours; car, chose assez singulière, cette prérogative n'existait pas jusqu'à cette date.

Avant de raconter les derniers jours de son père, qui survécut peu à sa nomination, Jean-Louis résume, en quelques pages, les traits saillants de l'éloquence et de l'esprit de Jean-Léonard. Il insiste sur la vivacité de son intelligence et sur le bonheur de ses réparties, dont il cite quelques-unes. Nous ne pouvons souscrire à cet éloge sur les exemples qu'on nous donne ; mais il est probable que l'accent et le geste ajoutaient quelque chose à ce qui nous semble banal et fade. Nous allons citer deux de ces bons mots, sur lesquels s'extasie son fils trop complaisant ; on jugera si nous sommes sévère.

« Les cours souveraines, nous dit Jean-Louis, assistaient régulièrement à la procession de la Fête-Dieu, et presque tous les ans il pleuvait. Un de ces messieurs s'en étant plaint, une fois qu'il survint plusieurs ondées aussi violentes que nuisibles aux perruques et aux robes de cérémonies, mon père, qui l'avait ouï, lui dit : « Ne vous étonnez pas, Monsieur, si la pluie nous respecte si peu : c'est qu'elle n'a pas de procès. » On aurait pu faire un volume, ajoute Jean-Louis, de ses réponses vives, spirituelles, et presque toutes remplies d'un sel attique !

« Dans une autre circonstance, le premier président avait affaire à une dame de ses amies, et avec laquelle depuis trente années il entretenait un commerce suivi. » (C'était la marquise de Bayon, ma grande-tante, plus connue sous le nom de la belle de Ludre. Je cite textuellement les Mémoires :)

« Cette dame, dont il avait acquis l'estime, et qui se trouvait aussi respectable par sa vertu, par son esprit et par sa naissance, qu'elle était distinguée par sa beauté et par ses grâces, qu'elle eut le rare avantage de conserver jusque dans une extrême vieillesse.

« Un jour, elle vint solliciter le procureur-général en faveur d'un de ses habitants, qui avait commis un crime digne de mort.

« Nonobstant son respectueux attachement pour elle et malgré le penchant naturel qu'il avait à faire plaisir aux dames, surtout quand elles avaient quelque agrément, il répondit qu'il aurait souhaité de tout son cœur pouvoir faire honneur à une recommandation aussi intéressante que la sienne ; mais que son ministère ne lui permettait pas de faire grâce, et que ses obligations devaient l'emporter sur la passion qu'il avait de lui plaire : que le coupable méritait la corde, et qu'il serait pendu.

« L'aimable et séduisante solliciteuse ne se rebuta point d'un refus si dur et, redoublant ses instances, elle employa tout ce que son éloquence naturelle et ses charmes avaient de plus persuasif, pour attendrir le cœur du magistrat ; mais enfin, tous ses talents ayant échoué et n'étant point dans l'habitude de voir personne résister à ses volontés, elle changea tout à coup de batterie, et, montée sur le plus haut ton, elle lui dit en colère : « En vérité, je suis trop bonne d'avoir bien voulu prendre la peine de venir vous recommander l'affaire de mon sujet. Je me repens fort de ma démarche ; et, au bout du compte, sachez, Monsieur, que je n'ai besoin de vous que je n'aie tué un homme. »

« Le discours était vif ; mais l'offensé, l'ayant écouté sans émotion, lui répondit sur-le-champ, avec autant de politesse que de douceur : « Madame, sur ce pied-là, vous avez besoin de moi plus que personne au monde. Car il n'y a pas de jour que vos yeux ne soient coupables de quelque assassinat. »

« Une répartie si peu attendue désorienta la dame, qui s'était élevée jusqu'aux nues. Elle en descendit aussi promptement qu'elle y était montée ; le calme succéda à l'orage, les injures cessèrent ainsi que les menaces, et se jetant au cou de mon père, elle lui dit en propres termes et avec un certain grassayement qui ne servait qu'à lui donner plus de grâce : « Monsieur le procureur-général, toujours poli, toujours galant ! » Et c'est ainsi que se termina la scène.

« Le pendart fut accroché, la protectrice fut contente, et l'homme public fit son devoir. »

Le sujet, en lui-même, de cette anecdote n'est pas gai, et le seul côté un peu plaisant de l'affaire est l'âge de la solliciteuse, qui devait compter environ soixante et dix ans alors, le galant en ayant autant. Ce style du procureur-général ne rappelle-t-il pas celui dont se moque si souvent Molière ? Ce sonnet de la princesse Uranie, par exemple : « Au voleur, au voleur, au voleur ! » ou : « Belle marquise, vos yeux me font mourir d'amour ! » Mais on était en province, la belle avait quitté la cour depuis vingt ans ; d'ailleurs, elle avait de l'amitié pour le magistrat, et son neveu, le comte de Ludre, était intimement lié avec Jean-Louis de Bourcier, l'auteur des Mémoires. Cette amitié est une tradition qui s'est perpétuée jusqu'à nos jours entre nos deux familles.

Jean-Louis nous donne encore un échantillon des talents poétiques de son père, qui composa une sorte de pastiche du Lutrin. Le procureur-général chante, en vers ampoulés, la querelle de l'évêque de Toul et du duc de Lorraine, relative aux difficultés sans cesse renaissantes entre les deux juridictions ecclésiastique et civile. Les vers sont médiocres, l'ironie est lourde, et l'ouvrage, en son ensemble, fort ennuyeux. Il offre pourtant un certain intérèt pour le biographe de Jean-Léonard, en ce qu'il nous dévoile un état de conscience particulier à la Lorraine, et assez commun chez les magistrats de cette région.

En France, le Parlement est généralement, à cette date (1700), ou janséniste ou esprit-fort. Il compte peu ou point d'ultramontains, et le gallicanisme officiel sert de trait d'union entre les deux doctrines. En Lorraine, on n'est pas janséniste, la secte y compte peu d'adhérents, la population se montre fort soumise au Saint-Siège et le clergé est ultramontain. Le Parlement et le souverain sont seuls, il me semble, entachés de gallicanisme. La raison en est fort simple. Le prince, très absolu par tempérament, s'irrite de rencontrer des obstacles à ses volontés dans une autorité moralement supérieure à la sienne. Il sait, par nécessité et par intérêt, se montrer souple envers ses puissants voisins ; il serait volontiers fort raidé avec le pape ; mais, bien que celui-ci ne possède que des armes spirituelles, ces armes ne sont pas à dédaigner. Les évêchés d'où dépendent les sujets de Léopold ne sont pas dans sa dépendance. Le duc de Lorraine désire donc ardemment faire ériger Nancy et Saint-Dié en sièges épiscopaux, pour se délivrer des entraves de Verdun et de Metz. Le pape seul peut satisfaire ce désir, il faut donc le ménager. A ces considérations purement politiques, il serait injuste de ne pas joindre celle de l'influence des sentiments religieux très sincères du souverain.

Quant à la haute magistrature, au moins personnifiée dans Bourcier, elle est gallicane, expression assez impropre quand il s'agit de la Lorraine, mais qui traduit mieux que toute autre l'opinion des juristes. La magistrature se rencontre en mille manières avec le clergé sur des terrains mixtes. La ligne de démarcation n'est et ne saurait être nette. Il existe des tribunaux ecclésiastiques et des tribunaux laïques, qui naturellement se trouvent en conflit de juridiction. Depuis le débat que suscite la place d'un banc à l'église jusqu'aux graves questions soulevées par la nullité d'un mariage et le crime d'un clerc, d'irritantes questions à débattre naissent journellement entre l'Officialité et le Parlement. Le souverain ne peut pas servir d'arbitre, puisque les évêques sont français et, en conséquence, assez peu déférents envers le duc de Lorraine.

La magistrature, à laquelle sa robe semble imprimer une sorte d'esprit sacerdotal, se considère, une fois assise sur ses hauts sièges, comme la représentation de la justice divine autant qu'humaine. Qui la moleste ou la conteste est hérétique. L'intervention ecclésiastique lui est d'autant plus odieuse, que celle-ci conteste l'infaillibilité et la suprême autorité des oracles judiciaires.

Bourcier est, au plus haut degréa, nimé de cet esprit. Tout ce qui pourrait porter atteinte aux droits ou au prestige du Parlement lui paraît un affront insupportable. Quoique fort déférent d'ordinaire, il résiste même au prince, quand celui-ci prétend donner à une autre cour souveraine une portion de l'autorité que le procureur-général attribue tout entière à son tribunal suprême.

Ceci est pour expliquer dans la vie de Bourcier certaines contradictions.

En Italie, il redoute très fort les prisons de l'inquisition, dont il se juge, à bon droit, un hôte tout désigné. Plus tard, il encourt, je le crains, certaines censures ecclésiastiques, dont il dut être relevé quand son souverain, le vrai coupable, se fut réconcilié avec Rome.

Il fait un poème épique fort injurieux

contre l'évêque de Toul (Mgr de Bissy); néanmoins, en dépit de ce bagage compromettant, c'est un vrai et sincère chrétien. La fin de sa vie va nous le montrer tel. Mais, durant tout le cours de son existence, jamais il ne cessa de respecter et de pratiquer sa religion.

Le fils du premier président était à Rome, en qualité d'envoyé extraordinaire, pour négocier un accord au sujet de la nomination à une abbaye, quand il apprit l'état très grave de santé où se trouvait son père. Celui-ci avait été assez subitement attaqué d'une maladie des reins. Jean-Louis, aussitôt que cela lui fut possible, retourna en Lorraine, craignant de ne pas retrouver son père en vie. Le malade avait cependant pu échapper à une première crise et s'était remis avec une grande ardeur au travail. « Il se trouvait en même temps, nous dit le narrateur, accablé sous le poids de l'âge et des infirmités. Sa mémoire était extrêmement affaiblie, il souffrait des douleurs inexprimables et presque continuelles ; enfin, la diminution de sa vue le mettait dans l'impuissance de recourir à ses livres. »

Voilà un état bien fâcheux pour un auteur, et cependant son fils nous affirme que jamais Bourcier ne travailla et n'écrivit autant que pendant sa dernière maladie, et il ajoute que les dernières productions de la plume de ce laborieux écrivain sont ce qu'il a fait de plus achevé et de meilleur.

L'auteur, avec une modestie touchante, ne se jugeait pas de même. En tête de ses derniers manuscrits, il mit, en fort bon latin, une inscription dont voici la traduction :

« Dans cette misérable année de 1724 à 1725, j'ai composé à mes heures de relâche et même dans les moments de ma très cruelle maladie, comme il est aisé de s'en apercevoir tant par la faiblesse de mon entendement et par la difformité de mon écriture, qui est tracée d'une main lourde et tremblante, que par mon insuffisance à broder des matières qui ne m'ont été fournies que par une tête mal affectée et sans le secours d'aucun livre, ce que mon fils aîné, à qui je dédie et consacre ce fruit de mes veilles, quel qu'il puisse être, voudra bien pardonner à un père malade et mourant. Je l'ai rédigé sur la fin malheureuse de l'année de 1724 et au commencement de la présente année 1725, dans laquelle je suis encore affligé de la même maladie par la volonté suprême du Dieu tout puissant, que j'adore avec humilité. »

Le mal ne fit qu'empirer l'année suivante. Pendant ces crises, Bourcier poussait des cris déchirants, qui mettaient tous les siens en émoi ; mais à peine étaient-elles terminées par l'intervention du chirurgien, que le malade retrouvait toute sa gaieté et plaisantait fort agréablement.

Il avait les médecins en fort petite estime. Il ne pouvait se refuser à recevoir leur visite, par condescendance pour les siens ; mais, tant qu'ils étaient dans la chambre, il ne faisait que gémir, ne répondait qu'à peine à leurs questions, et quand ils avaient le dos tourné, faisait des mines désespérées à sa belle-fille, pour laquelle il avait une tendresse particulière, pour qu'elle éloignât la faculté. Celle-ci faisait semblant de ne pas comprendre ; mais quand enfin Esculape s'était éloigné : « En vérité, lui disait-il, ma fille, vous n'êtes guère intelligente. Comment n'avez-vous pas compris que je voulais me défaire de ce mauvais phraseur qui m'étourdit par son galimatias et qui croit me berner par ses grands mots pétris de grec et de latin, qu'il ne comprend pas lui-même et qui ne sont bons que pour en imposer aux ignorants ? Art trompeur ! Art conjectural ! Quelle servitude que d'être obligé, par bienséance et par respect humain, d'exposer ses jours aux hasards d'une profession si critique ; et que c'est faire peu de cas de la vie, que de vouloir en précipiter le cours pour mourir dans les règles ! »

Jean-Louis, qui nous rapporte ces paroles, ne veut pas se brouiller avec la faculté ; il ajoute : « Je ne crois pas qu'un simple récit de ma part, de quelques sentiments erronnés, doive me faire encourir la disgrâce de ceux qui pratiquent cette profession, et que j'honorerai toujours, pour me conformer au précepte de l'Ecriture [1]. »

Cet excellent fils nous fait un tableau terrible des souffrances du malade. « Dans la crise, ses yeux, naturellement très vifs et très beaux, devenaient égarés... il tom-

[1] Honore le médecin.

bait dans des convulsions, et ses plaintes étaient si affreuses, qu'elles pouvaient passer plutôt pour des rugissements que pour des cris ordinaires. « Mon fils, me dit-il un jour qu'il était dans cet état également effrayant et douloureux, ah ! mon fils, je ne crois pas que dans les enfers, les damnés souffrent autant que moi. Il n'y a point de partie de mon corps qui ne soit déchirée avec plus de violence que si j'étais livré aux supplices les plus barbares que les tyrans aient jamais imaginés ; et pour toute reconnaissance de la naissance que je vous ai donnée, et de toutes les marques que vous avez reçues de ma tendresse paternelle, je ne vous demande que la grâce de me plonger dans l'instant un poignard dans le sein ; et c'est la plus grande faveur que vous me pourriez jamais faire. »

« Ah Dieu ! quelle foudroyante proposition ! Elle me fit frémir d'horreur ; et tout hors de moi-même, me sauvant de sa chambre pour fuir un spectacle si terrible et pour ne pas entendre des invitations aussi funestes, j'allai gémir en secret et supplier instamment le Seigneur de ne point abandonner un homme qui par ses vertus avait mérité sa clémence, et de le retirer de ce monde plutôt que de permettre qu'il tombât dans le désespoir ; et c'est une prière que j'ai réitérée jusqu'aux derniers moments de sa vie, que j'aurais voulu sauver même aux dépens de la mienne. »

Voilà des sentiments qui sont de tous les temps : un malheureux qui souffre le martyre et s'écrie : « Tuez-moi ! » Un fils qui aime passionnément son père, et que ce cri de douleur désespère ; une prière juste et pieuse !... Mais comme la langue est bien du XVIIIe siècle, l'époque du naturel affecté et de la simplicité pompeuse ! « Le poignard plongé dans le sein, une invitation aussi funeste, une proposition aussi foudroyante »... et la phrase longue et périodique d'un homme qui hurle en même temps !

Il ne faut pas croire que le pauvre malade eût perdu, dans l'excès de ses souffrances, sa foi et sa piété. Loin de là, il se faisait des scrupules étranges et qui manifestent bien la sincérité de ses sentiments religieux.

« Un jour, nous dit Jean-Louis, il priait

en ma présence dans des heures grecques, lorsque tout à coup, mettant le livre sur son visage, il se mit à jeter un grand cri ; et tremblant de tout le corps, il me dit, avec une voix extrêmement altérée : « Ah ! mon fils ! qu'il importe de contracter dès sa jeunesse de bonnes habitudes, et que j'éprouve bien la vérité de ces paroles de l'Ecriture : *Adolescens, juxta viam suam etiam cum senuerit; non recedet ab ea !* Après quoi il resta longtemps dans la même attitude, le visage scellé sur ses heures et sans parler davantage.

« D'abord je crus que sa raison se troublait et que le transport suivrait bientôt ; mais, après dix minutes de silence, je remarquai dans la suite de ses discours, qui roulèrent sur d'autres sujets, que je m'étais trompé.

« De là, je jugeai que le malade, tout en priant Dieu, s'était laissé séduire par l'attrait dangereux de quelques pensées peu convenables qui lui avaient plu ; qu'il s'y était abandonné avec complaisance, et qu'il gémissait de voir que son grand âge et ses infirmités ne l'eussent point encore mis à l'abri de pareilles faiblesses.

« Ce qui me fortifie dans ma conjecture, c'est que je vis paraître le même jour son confesseur, qu'il avait fait appeler et qui, depuis ce temps, vint le voir beaucoup plus fréquemment qu'à l'ordinaire.

« Le mal empirait tous les jours, et il n'y avait que la bonté de sa constitution qui le soutînt si longtemps. C'était un avantage funeste et qui ne servait qu'à perpétuer ses douleurs.

« Mais enfin, il fallut succomber ; et, sur la fin du mois d'août, son esprit ayant subi quelqu'altération, nous jugeâmes qu'il n'y avait point de temps à perdre : sa raison revint, et l'on en profita pour lui faire administrer le viatique et l'Extrême-Onction.

« Quoique toute sa vie il eût appréhendé la mort plus que personne au monde, il la vit venir sans crainte ; il parut même la souhaiter, et s'y prépara avec autant de piété que de résignation.

« Tous ses maux cessèrent le premier jour de septembre, et la nuit du 2 au 3 il tomba dans l'agonie.

« Comme je le quittais peu, je l'exhortai moi-même à mourir chrétiennement. Mon amour pour sa personne redoublant mon zele pour son talent, je me sentis, tout à coup, et pour la première fois, animé par le feu de l'éloquence et de la persuasion. J'étais surpris moi-même de tout ce que mon esprit me suggéra dans cette triste conjecture, et il me sembla que je lui parlais comme aurait fait un apôtre. Quand je lui demandais s'il m'entendait, il ne manquait pas, au défaut de la parole, de me répondre chaque fois par un serrement de main, et je crus même entrevoir qu'il m'écoutait avec satisfaction. Je remarquai encore parfaitement qu'il conserva toute sa présence d'esprit jusqu'à une heure après-midi, temps auquel je m'aperçus que son pouls diminuait et se retirait en montant insensiblement ; et enfin, à deux heures précises, il expira sous mes yeux. »

Je n'ai pas voulu abréger le récit fait par un excellent fils des derniers moments de son père. Ces détails intimes, ces paroles émues vont, ce me semble, au cœur. C'est ainsi que mouraient les chrétiens dans les siècles passés, c'est ainsi qu'ils meurent de nos jours. Cette sérénité des derniers instants, les exhortations ferventes de ceux qui pleurent aux pieds du moribond, le mélange de douleur et d'espérance, les serrements de main au voyageur qui s'éloigne faits par ceux qui le quittent, mais avec la ferme espérance de le retrouver, c'est la foi seule qui en est cause ; et je ne crois pas que le chevet funéraire de ceux qui ne partagent pas nos croyances, puisse être témoin d'une sérénité et d'une douceur semblables.

Jean-Léonard avait fait un testament fort long et très détaillé. On devait supposer que ce grand magistrat, si expert dans la législation du pays, aurait observé les formes et respecté les lois. Eh bien ! ce fut le contraire, et ce n'est pas là un exemple isolé ; les légistes sont fort sujets à ces apparentes négligences : à force d'appliquer les lois, et souvent d'avoir contribué à leur confection, ils se considèrent volontiers comme la loi elle-même ; la règle commune est faite pour le vulgaire, mais non pour le législateur.

Le premier président imitait en cela le célèbre Camus, un des plus illustres magistrats de son temps et dont le testament fut cassé.

« Sans s'arrêter à son contrat de mariage,

nous dit Jean-Louis, qui établit à l'ordinaire une communauté, une stipulation de propres, un préciput et un douaire, il prive sa femme de son propre bien et la réduit à une simple pension, forte, à la vérité, mais qui n'en est pas moins irrégulière.

« C'est ainsi que la plupart des hommes sont faits. Ils croyent que l'empire qu'ils ont exercé pendant leur vie dans leurs familles s'étend jusqu'après la mort ; et, quoiqu'une constante expérience leur ait fait connaître que les tribunaux, dérogent souvent avec justice, non seulement aux intentions des particuliers, mais encore à celles des princes, qu'on cesse de craindre dans le moment qu'ils ne sont plus, cependant les vivants se flattent toujours que l'on marquera pour eux plus d'égards que l'on en a eus pour tous ceux qui les ont précédés. »

Une disposition plus étrange encore de ce testament interdisait à son fils aîné et préféré, qui occupait alors le poste de procureur-général, d'accepter jamais la place de premier président du Parlement de Nancy ; et, pour corroborer encore en quelque sorte par un symbole cette injonction formelle, il donna l'ordre qu'on vendît aux enchères publiques sa toque et son manteau. Jean-Louis se soumit, quoiqu'il trouvât cet ordre étrange et dur ; la famille accepta également les partages irréguliers et les douaires de fantaisie. Le vieux magistrat ne s'était donc pas trompé dans ses calculs égoïstes, et ses fantaisies judiciaires furent respectées.

Il ne faut pas croire que ce fût par défiance des talents de son fils, qu'il lui interdit la première magistrature du pays. Le père connaissait la haute valeur de ce jurisconsulte, dont la renommée a éclipsé la sienne ; il savait sa probité parfaite et estimait son courage, fort supérieur à celui du timide premier président ; mais plus Jean-Léonard faisait cas de cet aîné, plus il voulait lui éviter une situation qui, croyait-il, était la véritable cause de sa mort.

Le biographe que nous avons suivi, ce fils respectueux quoique clairvoyant, s'excuse, à la fin de ses Mémoires, de n'avoir pas pallié tous les torts de son père et d'avoir révélé ses faiblesses. Il se justifie, à ses yeux comme aux nôtres, en remarquant qu'ayant à peindre une très belle et très noble figure, il fallait cependant lui laisser ses ombres, pour donner toute leur valeur aux lumières.

Nous ne saurions être tourmentés par les mêmes scrupules, et nous avons, au contraire, plutôt mis en relief les faiblesses de Jean-Léonard que ses talents ou ses vertus.

Cependant, prise dans son ensemble, cette vie a sa grandeur. Elle nous montre un travailleur obstiné, un homme de grande conscience, un timide qui brave le danger pour faire son devoir, en même temps qu'un homme aimable, gai, bon vivant, gracieux, et sachant mettre, selon l'expression du XVIIe siècle, un sage intervalle entre la vie et la mort, afin de finir ses jours en chrétien. Puis il me semble que tous ces détails et la vie intime de ces temps ont leur charme. Je n'aurais pris aucun plaisir aux œuvres savantes du jurisconsulte. Ses mémoires politiques, ses dépêches, le récit officiel de ses négociations m'eussent paru fort ennuyeux ; la moisissure et la poussière ternissent ou détruisent particulièrement cette partie de l'œuvre d'un homme marquant, celle où son orgueil se complaît davantage.

De grâce, qui lit Puffendorf? Si le grand jurisconsulte, en place de ses in-folios, nous eût laissé le compte de sa cuisinière, peut-être y prendrions-nous plaisir. De même, Jean-Léonard, tremblant de peur dans une barque, courant après son fils qui le berne, trouvant le jeu infâme, parce qu'il a perdu 20 pistoles ; tel est l'homme qui m'amuse et qui m'intéresse. J'oublie le grand et intègre magistrat, le négociateur de la paix d'Utrech, le savant compilateur de la Coutume, et le poète qui célèbre en alexandrins pompeux les conflits de la robe et de la soutane.

CHAPITRE VIII

Nous ne croyons pas devoir terminer cette étude sans relater brièvement ce qu'il advint de Jean-Louis de Bourcier de Montureux, l'auteur de ces Mémoires, après la mort du premier président.

Il était, nous le savons, procureur-général du Parlement de Nancy. Les injonctions formelles de son père l'empêchaient de prétendre à la première présidence. Il se borna aux fonctions de procureur-général, qu'il remplit avec éclat. Supérieur à Jean-Léonard comme écrivain, son égal comme jurisconsulte, il était tenu dans la plus grande estime par le prince et par la nation. Sa fortune était considérable ; une femme aimable et intelligente, de nombreux enfants, complétaient cette existence heureuse.

La mort de l'électeur de Saxe, roi de Pologne (1733), allait faire éclater en Europe une guerre dont les conséquences devaient changer le sort de la Lorraine. Louis XV, humilié d'être le gendre d'un roi détrôné, encouragea Stanislas à tenter de nouveau la fortune. Leckzinski céda aux instances du roi, bien que son bon sens répugnât à une entreprise qui lui semblait presque désespérée.

On sait les suites de cette aventure : Stanislas, de nouveau roi de Pologne, chassé de nouveau par les Russes ; la guerre qui en fut la suite ; le succès des armes françaises en Italie et en Allemagne, et la paix de Vienne terminant le débat. Pendant les hostilités, le duc de Lorraine, fiancé à Marie-Thérèse, était resté absent de son duché, gouverné par la Régente, sa mère. Gouverné, c'est beaucoup dire ; car l'occupation française rendait le rôle de la Régente fort malaisé, mais fort borné ; cependant on ne pressura pas les Lorrains, les contributions de guerre furent exactement soldées ; il y avait un puissant motif à cette apparente modération.

Il semblait évident, aux Français comme aux Lorrains, que le mariage de Marie-Thérèse avec François, duc de Lorraine, entraînerait fatalement la réunion de ce petit Etat à la France.

La pragmatique sanction, l'édit qui attribuait à la fille de l'empereur la succession de tous ses Etats héréditaires, acceptée ou tolérée par les grands Etats, devait faire de la future reine un des plus puissants souverains de l'Europe. Ajouter par un mariage à cette collection de couronnes les duchés qui séparaient l'Alsace du reste de la France, c'était là une impossibilité politique. La France vaincue ne s'y fût soumise qu'à la dernière extrémité; la France victorieuse, comme elle l'était en 1735, n'y pouvait songer.

Le duc de Lorraine était résigné et consolé, parce que, d'une part, il épousait la plus grande princesse d'Europe, en même temps que la plus charmante, et que, de l'autre, on lui assurait en toute propriété la Toscane, dont le trône allait devenir vacant par la mort imminente du dernier Médicis.

Le frère du duc avait moins sujet de se réjouir; cependant, pour le dédommager, on lui donnait la main de la sœur de Marie-Thérèse, et son héritière présomptive, si cette aînée n'avait pas d'enfants. Il y avait néanmoins bien des points noirs à l'horizon. L'échange de la Toscane contre la Lorraine n'était pas immédiat ; en attendant, le duc de Lorraine devenait un simple prince-époux, gouverneur des Pays-Bas. Si Marie-Thérèse mourait sans enfants et qu'une guerre, toujours à prévoir, enlevât la Toscane au duc, son époux, celui-ci se trouverait réduit au rôle de simple particulier, et deviendrait peut-être le sujet de son frère, marié à la seconde archiduchesse. Marie-Thérèse, même féconde, viendrait-elle à mourir avant François, celui-ci se trouverait le sujet de ses enfants, à l'exception de la Toscane, souveraineté assez aléatoire. Quant à la mère des ducs lorrains, sa situation lui paraissait lamentable. On lui offrait une retraite dans les Pays-Bas, c'est-à-dire l'asile d'un couvent. La fille du régent trouvait cette extrémité humiliante et horrible ; elle déclarait préférer une maison bourgeoise à Paris, à la plus belle retraite guimpée de Liège ou de Malines.

Ces faits sont nécessaires à rappeler, pour faire comprendre la mission dont Jean-Louis de Bourcier fut chargé à Vienne.

Au moment de signer le traité définitif par lequel il cédait la Lorraine à la France,

François voulut s'éclairer des lumières de son procureur-général. Il lui donna donc l'ordre de se rendre à Vienne, où il l'adjoindrait aux deux diplomates dévoués et habiles chargés de ses intérêts, M. Nay de Richecourt et M. Jacquemin.

Bourcier obéit, mais avec grande répugnance ; sa santé était mauvaise ; de plus, il se rendait compte, que son caractère très entier, et l'indignation qu'il éprouvait de l'abandon de la Lorraine par son souverain, feraient de lui un conseiller fâcheux et un fort mauvais diplomate.

Dès la première entrevue, le désaccord entre le prince et son conseiller se fit jour. François ne demandait à ses agents que les conseils propres à lui faire insérer dans le traité les conditions les plus favorables ; mais il était disposé à céder sur tous les points, plutôt qu'à rompre. Bourcier et Nay, au contraire, eussent été ravis de la rupture, et multipliaient les difficultés propres à amener le résultat. Comme c'étaient de fort honnêtes gens, ils ne se formulaient peut-être pas à eux-mêmes aussi clairement leur secrète inclination. Ils étaient les agents de leur maître, chargés de négocier, et non de brouiller les affaires. Mais leur désespoir était tel que, semblables aux noyés, ils se raccrochaient aux branches même les moins solides.

Ils parlèrent donc peu de la réprobation universelle des Lorrains pour le traité. Ils n'appuyèrent leurs critiques que sur le danger que courait le prince d'échanger ses Etats héréditaires contre une pension et un vain titre. François avait demandé à Bourcier de dresser un mémoire en réponse à celui de M. de Bartenstein, le représentant de l'Empereur.

« Aux grands maux, j'opposai les grands remèdes ! » nous dit le procureur-général, et il fit son mémoire sans aucun ménagement dans la critique des propositions impériales.

François, en écoutant la lecture de ce document faite par l'auteur, ne put dissimuler son mécontentement. Quoiqu'il fût, par nature, renfermé et très froid, il donna, néanmoins, des marques d impatience et de vif mécontentement. Quand Bourcier eut achevé de lire et se fut retiré : « C'est trop raide ! » s'écria le prince s'adressant à M. Nay de Richecourt, tant pour qu'il avertît Bourcier que pour qu'il profitât, lui-même, de la leçon ; car Richecourt avait ajouté au rapport « *des contredits* » également fermes.

Dès lors, le prince hésita d'appeler Bourcier à son conseil ; et quand il se présentait au palais, le duc affectait de ne lui parler que de sujets indifférents.

Cette négociation est très connue. Nos historiens lorrains la relatent dans tous ses détails. M. d'Haussonville, comme Digot, rendent hommage à la probité et à la fermeté du procureur-général. Nous laisserons donc le lecteur qui voudrait être très exactement informé, recourir à leurs savants ouvrages ; nous nous bornerons ici à mettre en lumière le côté anecdotique de l'affaire, en ce qui concerne particulièrement Bourcier.

Celui-ci est fort mécontent. On l'a fait venir de Nancy en grande hâte, bien qu'il soit malade ; on lui donne une audience, et puis tout se borne là. Avant qu'il n'arrivât, on lui avait fait entendre qu'il était destiné à un poste diplomatique d'une grande importance ; il n'en est plus question. Du reste, cette ouverture n'avait point alléché notre magistrat, décidé à ne pas quitter la Lorraine et son poste, pour s'attacher à une Maison souveraine, qu'il trouve aussi peu soucieuse de ses devoirs. Bourcier n'aime pas les Allemands ; et il se résignera, s'il ne peut faire autrement, à devenir Français, puisqu'il ne peut demeurer Lorrain. Justement blessé des procédés de son souverain, qui ne lui sait pas même gré de n'avoir défendu que les intérêts de sa Maison, et non ceux de son peuple, dans le mémoire incriminé, Bourcier demande son congé.

François ne se souciait, ni de renvoyer son procureur-général, ni de le consulter. Il craignait l'effet que produirait en Lorraine ce retour et cette disgrâce. Il éprouvait, sans doute, aussi quelques remords. Les critiques de Bourcier avaient eu de l'influence sur son esprit, et il avait rédigé, lui-même, le mémoire, *moins raide*, mais conforme aux conclusions de son conseiller. Cette velléité de résistance n'avait pas été longue. L'Empereur, son beau-père, lui avait battu froid, et avait fait savoir que si son gendre ne voulait pas signer, on traiterait sans lui. Marie-Thérèse, fortifiée de tous les avantages que lui donnaient sa beauté, son esprit très supérieur à celui de son médiocre époux, et les séductions de la lune de miel, prêchait la soumission. « Que vouliez-vous qu'il fît ?... »

Nous nous sentirions touchés de cette situation difficile et délicate, si les regrets et les hésitations du duc avaient eu les intérêts de la Lorraine pour cause. Hélas ! il n'était point question de cela, ou bien peu.

Le duc de Toscane mourrait-il bientôt, Marie-Thérèse aurait-elle des enfants, la pension était-elle assez forte, le gouvernement des Pays-Bas serait-il assuré en cas de malheur, c'est-à-dire de veuvage ?

Les angoisses de François furent si vives, qu'il tomba malade. Bourcier, de son côté, parti de Nancy en très mauvais état de santé, s'alita également. Quand le souverain fut rétabli, le procureur-général en état de se lever, ce dernier sollicita une audience, et demanda formellement son congé. « Je lui dis, raconte Bourcier, les larmes aux yeux, que je venais d'apprendre qu'il s'était enfin dépouillé de ses Etats pour en tirer seulement les revenus, déduc-

tion faite des charges ; et que, par là, il abandonnait deux souverainetés, pour avoir le simple gouvernement des Pays-Bas ; qu'une action aussi funeste me comblait de douleur et d'amertume, mais que, le mal étant fait, je prenais la liberté de lui déclarer, avec le plus profond respect, qu'en ma qualité de procureur-général, ayant fait serment de défendre jusqu'au dernier soupir les droits de sa couronne, ou de sa Maison et de ses sujets, il ne m'était pas possible, sans une prévarication formelle, de concourir à la conclusion d'un traité qui contiendrait son dépouillement, de même que celui des princes de son sang, la dispersion de sa Maison, qui régnait sur nous depuis sept cents ans, et la privation éternelle de nos légitimes souverains. C'est pourquoi je prenais la liberté de lui demander mon congé, en l'assurant que le respect infini que j'avais toujours eu pour sa gloire, ne me permettrait jamais de prêter mon ministère pour y donner une atteinte irréparable. »

Ce ferme et respectueux langage toucha le prince, qui répondit avec une vive émotion que la perte de sujets aussi fidèles n'était pas la moindre amertume du traité qu'il était obligé de signer.

Bourcier pleurait en quittant le prince, qui venait de lui accorder son congé et qui avait, lui-même, les larmes aux yeux.

Il croyait partir le lendemain ; mais M. Toussaint vint le trouver de la part du prince, pour lui dire que S. A. le suppliait de rester encore une quinzaine de jours. C'était l'impératrice qui exigeait ce délai. Elle craignait l'effet que produirait le retour immédiat du procureur-général sur l'esprit de la duchesse douairière de Lorraine, qu'on voulait préparer à la nouvelle de la signature d'un traité qui la désolait.

L'impératrice d'Allemagne avait, en effet, les meilleurs rapports avec la régente. Le traité ne plaisait pas plus à l'Allemande qu'à la Lorraine. La première ne désespérait pas encore de donner le jour à un fils, qui rendrait la pragmatique inutile. Elle n'avait plus eu d'enfant depuis une douzaine d'années ; mais elle était encore d'âge à pouvoir espérer. Il y avait à Nancy un Père capucin, nommé Ambroise, en réputation de grande sainteté ; l'impératrice lui écrivait souvent, le suppliant d'obtenir par ses prières la naissance d'un roi des Romains. François était au courant de cette correspondance, qu'il goûtait peu, le sujet ne lui en étant nullement agréable. Que deviendrait-il, s'il lui survenait un beau-frère ? Aussi contestait-il fort aigrement la sainteté du capucin.

L'impératrice, informée de la violente opposition de Bourcier au traité, ne lui en savait donc aucun mauvais gré. Mais elle se cachait de l'empereur, qui avait pris le procureur-général en aversion. Elle cherchait donc l'occasion de s'entretenir avec l'envoyé lorrain, auquel elle voulait confier une commission pour le capucin ; mais elle ne la trouvait pas et, de peur d'offenser son époux, elle affirmait même ne pas connaître le procureur-général de vue.

Bourcier eut la preuve de cette timidité, lors de sa dernière visite au palais de Laxenbourg, résidence d'été de leurs majestés. En Autriche, comme en France, le dîner du souverain était une sorte de cérémonie publique, à laquelle tout homme proprement vêtu avait le droit d'assister. Avant de quitter Vienne, Bourcier, admis une seule fois officiellement à la cour et assez fraîchement reçu, voulut s'offrir le spectacle d'un repas impérial. Il avait revêtu un costume à brandebourgs, riche et de bon effet, pensait-il ; et confondu dans la foule des assistants, il se repaissait de la fumée des viandes royales. Son habit à brandebourgs, inusité à Vienne, attira l'attention de l'Empereur. « Qu'est-ce que celui-ci ! » demanda-t-il à l'Impératrice. — « Je ne sais, » répondit la timide épouse, bien qu'elle reconnût parfaitement Bourcier [1]. L'empereur s'adressa ensuite au grand maître des cérémonies, qui satisfit sa curiosité. « D'où vient qu'on l'a laissé entrer ? » reprit le souverain. Bourcier avait entendu une partie du dialogue et deviné le reste. Il aperçut le grand maître des cérémonies qui faisait une savante manœuvre pour se rapprocher et lui intimer, sans trop de bruit et de scandale, l'ordre de partir. Profitant de ce que le porteur de cet ordre peu agréable, s'arrêtait de temps à autres, causant avec celui-ci ou celui-là,

[1] Elle le connaissait si bien, qu'elle fit exprimer à Bourcier, de retour en Lorraine, ses regrets dê n avoir pu lui parler et, en témoignage de son estime, lui fit parvenir un livre de prières avec quelques mots écrits de sa main sur la première page.

pour se donner une contenance, Bourcier choisit son moment et s'éclipsa.

Un accueil à peu près semblable lui était réservé chez le premier ministre, M. de Zinzendorff. Bourcier et M. Jacquemin avaient demandé audience. On fit attendre nos Lorrains pendant plus d'un quart d'heure ; lorsqu'enfin ils furent introduits, c'est à peine si le ministre daigna se soulever de son fauteuil : le procureur-général crut pouvoir rappeler que son père avait eu l'honneur de connaître l'excellence au congrès d'Utrecht ; un signe de tête et quelques paroles froides, indiquant qu'on s'en souvenait, furent la réponse. Cinq minutes après, l'espace de *deux Miserere*, dit plaisamment Bourcier, l'excellence se souleva de nouveau à moitié. C'était le congé ; et les plénipotentiaires du duc de Lorraine et de Bar, les représentants du gendre de l'empereur, se hâtèrent de gagner la porte.

Le procureur-général ne s'affligea point de ces insolences. Il en connaissait trop bien la cause. Loin d'être humilié, il se sentait très fier que son patriotisme inspirât tant de rancune.

La dernière entrevue de Bourcier avec

le duc de Lorraine put, au reste, satisfaire et dédommager notre Lorrain. Marie-Thérèse avait voulu remettre elle-même à Bourcier la lettre que l'envoyé devait porter de sa part à la duchesse douairière. Toute jeune qu'elle fût alors, Marie-Thérèse se montrait déjà pleine d'esprit, de tact et de bon sens. Elle fit l'accueil le plus aimable au procureur-général, lui exprima le vif regret qu'elle éprouvait de voir son mari privé des services d'un homme aussi éminent. Le duc assistait à l'entrevue; il dit en allemand à sa femme de donner sa main à baiser au procureur-général, ce qu'elle fit de la meilleure grâce.

Ensuite, François ayant demandé à Bourcier ce qu'il dirait de sa femme en Lorraine : « Je lui répondis, raconte notre auteur, que je publierais ce qu'on savait déjà par toute la terre, que c'était une des princesses les plus parfaites de corps et d'esprit qui fût dans l'univers. » Son Altesse royale répliqua sur le champ : « Oh ! pour cela, non ; c'est un peu trop, mais c'est une bonne femme ; oui, une bien bonne femme. » Et en même temps, lui passant la main sous le menton : « N'est-il pas vrai, lui dit-il, que vous êtes une bien bonne femme? » A quoi la duchesse répondit avec un sourire infiniment gracieux, et en faisant à Son Altesse royale des caresses réciproques. » Voilà qui me semble un peu tudesque, n'en déplaise au narrateur, qui, lui, est profondément touché et reconnaissant d'avoir été le témoin et l'occasion de cette scène conjugale.

De retour enfin à Nancy, le procureur-général trouva la régente et toute la Lorraine au désespoir. L'indignation se traduisait de mille manières. Un pamphlet parut, où nos doléances s'exprimaient sous les formes les plus vives. Sur la dénonciation de l'envoyé de France, le factum fut déféré au Parlement, et condamné à être brûlé par la main du bourreau, à défaut de l'Auteur qui ne s'était pas fait connaître. Le procureur-général dut requérir cette peine infamante, et les médisants ajoutaient que lui, au moins, savait qui avait composé le libelle, puisqu'il sortait de sa plume.

Bourcier eut une occasion mieux choisie pour exprimer sa douleur, son patriotisme, et cependant la soumission correcte et fière qu'un Lorrain, décidé à ne pas quitter ses foyers, devait offrir à sa nouvelle patrie.

Le 21 mars 1737, le Parlement de Lorraine et la Cour des comptes étaient convoqués pour prêter serment de fidélité au roi de France.

« Deux harangues frappèrent surtout l'attention de l'auditoire, nous dit M. d'Haussonville dans son bel ouvrage, ce fut d'abord celle de M. Bourcier de Montureux, procureur-général près la cour souveraine... Personne n'était aussi compromis que lui et personne n'avait plus que lui besoin de donner des gages au nouveau régime, mais les caractères fermes savent toujours faire face aux situations difficiles. M. Bourcier de Montureux ne se crut pas obligé de dissimuler ses sentiments. Son langage simple et digne fut tel qu'on pouvait l'attendre d'un bon citoyen, d'un honnête magistrat et d'un galant homme : « Il faut convenir, » dit-il, tristement, en prenant la parole après les commissaires chargés par le duc François de relever les membres de sa cour souveraine, ses officiers et tous ses sujets lorrains de leur ancien serment de fidélité; « il faut convenir que nous avons été vivement touchés d'une résolution aussi étonnante, et que toute notre fermeté n'est point à l'abri de ce coup qui nous frappe, et que ce n'est qu'avec peine que nous avons fait un sacrifice de nos cœurs à l'obéissance et à la soumission que l'on doit aux décrets impénétrables de la Providence. Mais, en même temps, nous avons lieu de croire que les nouveaux monarques que le ciel nous destine, ont trop de justice et d'humanité pour blâmer des sentiments si convenables, et même pour ne pas agréer des pleurs que nous font répandre l'éloignement et la dispersion de la maison régnante, dont nous avions le bonheur de suivre les lois depuis sept cents ans [1]. »

M. d'Haussonville a raison, on ne saurait mieux dire et l'on reconnaît dans ce langage triste, ferme et d'une sincérité si éloquente, ce que le poète [2] définit ainsi : l'accord d'un beau talent et d'un beau caractère.

(1) Haussonville, p. 267, t. 1,

(2) Andrieux : *Cécile et Térence*.

Bourcier vécut encore quelques années. Il destina son fils aîné à l'état militaire et eut la satisfaction de le voir briller dans cette carrière, autant que lui et ses ancêtres avaient marqué dans la leur. La cause du succès était la même : un grand sentiment du devoir, une activité sans relâche et des talents distingués.

APPENDICE

Les aventures d'Henri de Bourcier de Saint-Aunez furent très connues à son époque, et on en trouve des récits dans les mémoires du temps. Tallemant des Réaux, notammment dans une de ses historiettes relatives à Rangouze, rappelle la disgrâce de Saint-Aunez et sa retraite en Espagne, parce qu'on lui avait ôté le gouvernement de Leucate.

Il ajoute en note : « Ce Saint-Aunais est une espèce de « fou ; cependant un de ses ancestres, son grand-père, « je pense, méritoit bien qu'on laissast ce gouver- « nement à sa postérité, ou qu'on le récompensast « autrement ; car ayant esté amené au pié des murailles « par les Espagnols qui l'avaient pris, afin d'obliger sa « femme à rendre la place il lui cria : « Laissez-moy « mourir plustost, » et fut pendu............

MM. de Monmerqué et Paulin Pâris, les savants commentateurs de Tallemant des Réaux, font un intéressant récit de l'épisode du siège de Leucate et du cartel proposé à Saint-Aunez par la Feuillade. Ils y ajoutent certains détails inédits (1).

Nous les citons en entier.

« Maintenant disons un mot du glorieux aïeul de « Henri de Bourcier de Barry, sieur de Saint-Aunais.

(1) Les historiettes de Tallemant des Réaux (3e édition, tome, v, page 7).

« On l'appelait M. de Barry, et il était gouverneur de « Leucate en 1589, quand les Espagnols firent connoître « leur résolution d'assiéger cette place. Barry tombe « entre leurs mains, en allant demander secours au duc « de Montmorency : il trouve moyen de faire dire à sa « femme, Constance de Cesely, alors à Montpellier, de « se jeter tout de suite dans Leucate et de bien la « garder. Les Espagnols arrivent : Mme de Barry s'y « défend victorieusement, pendant longtemps. Enfin « les ligueurs suivant les uns, les Espagnols suivant les « autres, la préviennent que si elle ne rend pas la place « ils feront mourir son mari. Elle demanda conseil : « Barry répond que surtout elle se garde bien de le « sauver au détriment du service du Roy. Elle repoussa « donc l'offre qu'on lui faisoit et le lendemain les assié- « geants eurent la barbarie de lui renvoyer le cadavre « de son mari. Or, Mme de Barry avait alors entre ses « mains un gentilhomme ligueur nommé M. de Loupian ; « la garnison voulait user envers lui de représailles : « elle refusa généreusement de le leur livrer. Les Espa- « gnols furent obligés de lever le siège. Henri IV, ému « d'admiration et de reconnaissance, laissa le gouverne- « ment de la ville à cette veuve héroïque, jusqu'à la « majorité de son fils, Hercule Bourcier, Baron de « Barry et de Saint-Aunais : le titre de gouverneur de « Leucate fut même déclaré héréditaire dans la famille. « Hercule de Barry et son fils Henry, sieur de Saint- « Aunais, firent des merveilles en 1637, quand les Espa- « gnols vinrent une seconde fois assiéger la ville. Saint- « Aunais y reçut huit graves blessures, ce qui ne « l'empêcha pas de tomber, deux années plus tard, dans « la disgrâce du cardinal.

« Voilà quels avaient été l'aïeul et le père de Saint- « Aunais. L'action du premier Barry et de sa noble femme « est certainement pour le moins aussi généreuse, aussi « héroïque que celle de Régulus ; elle est plus authen- « tique ; Saint-Aunais méritait donc qu'on lui pardonnât « beaucoup, en faveur de ses pères. Il avait épousé, le

« 19 février 1623, Claire de Lésignan. « Monsieur le « Prince », écrit Arnault à Barillon, le 16 novembre « 1639 », a fait arrester Saint-Aunay, à ce qu'on escrit « de Toulouse le 8 : il y a quelque mystère là-dessous. » « Il redemanda toujours Leucate, qu'on s'obstina tou- « jours à lui refuser. Enfin, vers 1662, il écrivit au Roi « une lettre de reproches et fit semer dans l'écu de ses « armes des lys brisés. Le roi fut indigné de cette inso- « lence, et, sur le champ, La Feuillade, témoin de sa « colère, partit pour la frontière d'Espagne et alla de- « mander raison à Saint-Aunais. Celui-ci, tout perclus de « goutte et d'anciennes blessures, consentit à se battre, « mais au poignard, et La Feuillade ne jugea pas à « propos d'accepter. On se moqua beaucoup à Paris de « ce voyage courtisanesque.

« Son frère a dit qu'à son retour en France
« Il aura le baston ;
« Qu'il ne faut pas de moindre récompense
« Pour sa grande action.
« Moy j'y consens, crainte qu'il ne s'irrite,
« Car il le mérite luy,
« Car il le mérite. »

(*Vaudevilles du temps.*)

Voir le récit du premier siège de Leucate, dans l'*Histoire de Languedoc* de Dom Vaissette à la date de de 1589, et dans un roman historique fort peu lu de Sandras des Courtils : *Mémoires de M. de B... secrétaire du C. de R.*, 1711, p. 389. — Voir aussi les *Mémoires de Charbonneau*, le *Journal de MM. de Bachelier*. l'*Histoire de la ville de Montpellier*. — Gaches.

En 1632, le duc de Montmorency, ayant levé entièrement le masque après la séparation des Etats, songea à s'assurer des principales villes du pays. Il tenta aussi inutilement la fidélité de Bourcier, seigneur de Barry, gouverneur de Leucate, mais il s'assura d'Alais et de Bagnols. (Voir interrogatoire du duc de Montmorency.)

LETTRES PATENTES

Accordées par Charles IV, Duc de Lorraine,

A JEAN DE BOURCIER

Le 6 Mars 1669

(Entérinées à la Cour de Saint-Mihiel le 6 Avril 1669) (1)

Nota. — Ces lettres patentes confirmées cent ans plus tard, par un arrêt de la Chambre des Comptes de Lorraine, établissent d'une façon formelle :

1° La parenté des Bourcier de Lorraine avec ceux du Languedoc :

2° Leur droit de faire précéder leur nom de la particule et de porter en Lorraine les titres de Comte et de Baron, bien avant que ces titres leur eussent de nouveau été accordés en récompense de services rendus ;

3° Leur droit de porter à leur volonté les armes de leurs ancêtres ou bien celles qui leur avaient été accordées en Lorraine, lorsqu'ils s'étaient trouvé forcés de demander des lettres d'anoblissement par suite de la difficulté de retrouver leurs papiers de famille (c'est ce qui explique la différence, qui existe entre les armes qu'ils ont portées depuis 1669, qu'ils portent encore aujourd'hui, à savoir : un écu d'or au lion de sable, tenant entre ses pattes une épée, et celles qu'ils portaient auparavant en Lorraine, qui sont indiquées, notamment dans la publication faite par M. de Souhesmes de l'armorial de la Recherche de Didier-Richer, à savoir : d'azur au Panthère d'or moucheté de sable tenant une croix ancrée d'argent.)

Du 6 mars 1669.

« Charles, par la grâce de Dieu, Duc de Lorraine, Marchis, Duc de Calabre, Bar, Gueldres, Marquis de Pont-à-Mousson et de Nomeny, Comte de Provence, Vaudémont, Blamont, Zutphen, Sarwerden, Salm, etc..., à tous ceux qui ces présentes verront salut, scavoir fai-

(1) L'original de ces Lettres est la propriété du Comte de Bourcier de Villers. L'orthographe a été respectée.

sons que notre cher et féal le sieur Jean de Bourcier, lieutenant général au bailliage de notre comté de Vaudémont, nous a remontré que le dix septième jour du mois de may mil six cent quarante six, nous lui aurions accordé des lettres d'annoblissement nonobstant celles désjà accordées à Claude de Bourcier, vivant seigneur d'Auzainviller, son bisayeul paternel, le six de septembre mil cinq cent septante deux, par Charles troisième du nom duc de Lorraine, notre ayeul de bonne mémoire, mais qu'ayant du depuis recouvré une partie des titres, papiers et documents de sa famille, originaire des pays bas et depuis longtems établie au Comté de Bourgongne, en Guienne, Languedoc et ailleurs il auroit reconnu que les dictes lettres d'annoblissement lui étoient deveuües inutiles les ayant, lui et son bisayeul, obtenües dans un tems auquel ils ne connoissoient pas bien leur origine et n'avoient en outre des titres en suffisance pour la justifier et qu'aujourd'huy il n'avoit besoing que de lettres de reconnoissance de noblesse étrangère, pourquoy il nous auroit très humblement supplié que nostre bon plaisir soit luy octroyer icelles et le maintenir et sa postérité née et à naistre en légitime mariage dans toutes les qualifications de noblesse dont ses ancestres ont jouis depuis près de quatre siècles, à quoi inclinans benignement et sur ce ouyt le raport de nostre cher et féal conseiller d'estat, le sieur Du Chatelet, Mareschal de Lorraine avec les pièces y jointes, par lesquelles il nous seroit apparu que dès l'an mil deux cent quatre vingt cinq, Mathieu de Bourcier étoit qualifié valeureux chevalier et qu'il avoit épousé Sibille d'Uxelle, comme il appert, par un brevet de pension accordé par Philippe, roy de France, le six d'aoust mil deux cent quatre vingt cinq, à la dictte Sibille sa veuve et à jeune écuyer Jehan de Bouroier, son fils, en considération des services rendus par le dict Mathieu de Bourcier, son père, tué au siège de Gironne, que du dict Mathieu et de la Sibille D'Uxelle, serait issu le dict Jehan de Bourcier, qui fut lieutenant du Roy ez pays bas et avoit épousé Jehanne du Bled, comme il appert, premièrement, par le brevet ci dessus mentionné, secondement, par une quittance du quinze may mil deux cent nonante, d'une somme de six cents florins qu'avoit promis en mariage Raoul du Bled, son beau père, que du dict Jehan de Bourcier et de Jehanne du Bled seroit issu Paul de Bourcier, chevallier, qui épousa Ameline de Damas, comme il appert, premièrement, par le contract de leur mariage du cinq décembre mil trois cent trente sept, secondement, par l'extrait de l'épitaphe du dict Paul, mort l'an mil trois cent quatre vingt, dans laquelle il est faict mention de Renauld de Bourcier, son petit fils et où sont gravées sur cuivre jaune, en l'église Saint-Étienne, de Besançon, au second pilier, à droite, *leurs armoiries qui sont un écu d'or au lion de sable, tenant entre ses pattes une épée, la pointe haute, la croisée tréflée de même* et que du dict Paul de Bourcier et d'Ameline de Damas serait issû Robert de Bourcier, chevallier, qui fut écuyer de Jehan de Bourgongne et fut tué avec son prince à Montereau l'an mil quatre cent quatre vingt dix neuf, lequel eut de dame Isabeau de Longwi, sa femme, Renault de Bourcier, chevallier, seigneur de Burlémont, qui fut chambellan de Philippe duc de Bourgongne, comme il appert par son épitaphe cy dessus rapportée, il eut d'Anne de Rougemont, sa femme, Pierre de Bourcier, comme il est prouvé premièrement, par une lettre de pension accordée au dict Renault de Bourcier, par Philippe duc de Bourgongne, donnée à Bruxelles, le vingtième jour du mois de décembre mil quatre cent cinquante neuf en récompense de ses services et de ceux de Robert de Bourcier son père et y sont l'un et l'autre qualifiés chevalliers, secondement, par le testament du dict Renault de Bourcier, faict à Besançon, par devant Jehan Ruchet, nottaire en la dicte citée, le vingt neuf de mars l'an mil quatre cent soixante quatre, par lequel le dict Renault lègue l'usufruit de la moitié de ses biens à dame Anne de Rougemont sa femme et l'autre moitié à Pierre de Bourcier son fils et faict mention de preux chevallier Robert de Bourcier et d'Isabeau de Longwy, ses péres et méres, troisiémement, par le traicté de mariage passé par devant Jehan Tiercelin, prestre, notaire de la Court de Besançon, le vingt et un du mois de janvier en l'an mil quatre cent cinquante, entre Pierre de Bourcier et Anne de Berthod, dans lequel le dict Pierre est dit fils de Renault de Bourcier, chevallier, seigneur de Burlémont, chambellan du duc de Bourgongne et de dame Anne de Rougemont, ses pères et mères, que le dict Pierre fut capitaine de six vingt hommes d'armes et tué à la bataille de Nancy, au service de Charles duc de Bourgongne, en l'an mil quatre cent septante six et qu'il eut d'Anne de Berthod sa femme, entre autres, premièrement, *Bernard, qui s'établit en Guyenne et qui avoit épousé, par traicté du quatre juin mil quatre cent septante quatre, Pierrette de Sauvage, fille de Ferry de Sauvage*, chevallier, et de Yolande de Cronambourg, secondement, Huguette, qui fut femme de Claude de Sauvage et troisièmement, Raymond de Bourcier, qui fut page du Comte de Charolais et ensuite enseigne de six vingt hommes d'armes de la compagnie de Pierre de Bourcier, son père et qu'il fut armé chevallier et décoré du titre *de comte d'Irpo*, par l'empereur Maximilien, *en la feste du tournois, tenu à Anvers, l'an mil quatre cent nonante cinq* et qu'il avoit épousé Jehanne de Bracie, dont sortit Charles de Bourcier, ainsi qu'il est justifié, premièrement, par le testament de Renault de Bourcier, son ayeül, du vingt neuf mars mil quatre cent soixante quatre, par lequel le dict Renault de Bourcier, lègue au dict Raymond, son petit fils, toute son armure et équipage, afin qu'il gagne chevalerie, secondement, par une quittance à luy donnée par Huguette sa sœur et Claude de Sauvage, écuyer, son mary, d'une somme de quatre cent florins de Florence, pour dotte à elle promise par Pierre de Bourcier, son père, par traicté du deuxième mars mil quatre cent septante cinq, la dicte quittance passée à Gray, le douze may mil quatre cent septante sept. — Troisièmement, par le traicté de mariage du pénultième jour du mois d'octobre mil quatre cent nonante six entre le dict Raymond de Bourcier et Jehanne de Bracie fille de Colart de Bracie, chevallier, seigneur de Bersins et de Peronnelle du Donjon, ses père et mère et par lequel le dict Raymond est qualifié de chevallier, *comte d'Irpo*, seigneur de Burlémont et de fils de feux très nobles conjoints Pierre de Bourcier, chevallier, seigneur de Burlémont et Anne de Berthod, ses père et mère. Quatrièmement, par un contrat d'acquêst qu'il fit le onze de juin mil cinq cent douze, passé à Gondrey, d'une maison située à Besançon et d'autres immeubles de Claude de Sauvage, écuyer, son beau frère, dans lequel le dict Raymond est qualifié chevallier, *comte d'Irpo*. Cinquièmement, par l'extrait de son tombeau et celui de Charles son fils, en l'église de Saint Étienne de Besançon, où l'on voit ses armoiries telles que cy dessus mentionnées et qu'il décéda l'an mil cinq cent dix sept âgé de soixante sept ans. Que du dict Raymond et de Jeanne de Bracie, sa femme, sortit entre autres enfans, Charles de Bourcier, qui fut capitaine de chevaux légers et ensuitte capitaine de trois cent chevaux pistolliers, au service de l'empereur Charles Quint, qu'il servit toute sa vie, es-guerres de Gueldres, d'Italie et d'Affrique et qu'il a eu pour femme Françoise de Dintheville, fille d'Antoine de Dintheville, chevalier, seigneur du dict lieu et de dame Barbe de Ste Maure, comme il appert, premièrement, par le traicté de leur mariage, passé au chateau de Fongerolles le dernier décembre l'an mil cinq cent vingt neuf où le dict Charles est qualifié escuyer, *Baron de Fez*, seigneur de Burlémont, capitaine de chevaux légers au service de l'empereur Charles Quint et dit fils de noble seigneur, Raymond de Bourcier, de son vivant chevallier, *comte d'Irpo* et de feu dame Jehanne de Bracie, ses père et mère. Secondement, par une sentence des gouverneurs de la ville impériale de Besançon, du 23 apvril mil cinq cent vingt sept, dans laquelle le dict Charles est qualifié de noble écuyer *Baron de Fez* et capitaine de chevaux légers de sa majesté impériale. Troisièmement,. par une quittance passée au dict chateau de Fougerolle, le vingt neuf décembre mil cinq cent trente et un, la dicte quittance d'une somme de mil florins qu'il avoit reçu de dame Barbe de Sainte Maure, sa belle mère, pour la dotte de Françoise de Dintheville, sa femme, dans laquelle quittance le dict Charles est qualifié *Baron de Fez*, Seigneur de Burlémont et quatrièmement, par un contrat de vente d'une maison sise à Besançon, y passé le vingt trois octobre mil cinq cent trente sept, par ledict Charles de Bourcier, au profit de Jehan de Dintheville, son beau frère, dans lequel il est aussi fait mention de ses dicts père et mère. Cinquièmement, par le dict extraict d'épitaphe où il paroit qu'il mourut l'an mil cinq cent quarante, âgé de quarante et un ans, que du dict Charles de Bourcier et de Françoise de Dintheville sortirent Jehan et Claude de Bourcier, ainsi qu'il est justifié, premièrement, par une lettre de pension accordée au dict Charles de Bourcier par l'empereur Charles-Quint dattée de Tollède du premier apvril mil cinq cent trente huit, dans laquelle il est fait mention d'une pension de la table pour Jehan et Claude de Bourcier ses fils en bas âge, en considération des services du dict Charles et de ceux de ses ancestres, et par laquelle lettre le dict seigneur empereur déclare être asseuré que le dict Charles et ses fils sont issus d'ancienne race de gentilhomme de Tournois ; secondement, par le testament du dict Charles de Bourcier passé à Besançon le deux de mars mil cinq cent quarante dans lequel Jehan et Claude de Bourcier, ses fils, sont dénommés ; que le dict Jehan de Bourcier fut capitaine d'une compagnie de chevaux carabins au service de Philippe, roy d'Espagne, qu'il s'établit à Barcelone et que Claude de Bourcier, son frère puisné se seroit domicilié à Neufchateau, duché de Lorraine, et qu'il eut entre autres d'Alizon Cachet, sa femme, Jane de Bourcier, comme il est prouvé : premièrement, par la déclaration que fit Jehan de Bourcier, Comte d'Irpo, *capitaine d'une compagnie de chevaux carabins, au service d'Espagne*, par devant Claude Coulon et Jean-Baptiste Jouy, notaires à Besançon, *le dix neuf may mil cinq cent nonante sept*, alors qu'il fit extraire la lettre de pension accordée à Charles de Bourcier son père, par l'empereur Charles Quint le premier d'apvril mil cinq cent trente huit, pour en faire mission à François et Jean de Bourcier, escuyers, seigneurs d'Auzainvillers, demeurants à Neufchateau, ses nepveux qualifiés de fils de Claude de Bourcier, frère puisné du dict Jehan ; secondement par un traicté fait le neuf janvier mil cinq cent nonante quatre, entre noble François de Bourcier et les religieuses de Sainte-Claire de Neufchateau, pour la réception en leur monastère de noble Alizon Cachet, sa mère, veuve de noble Claude de Bourcier, son père ; troisièmement par le traicté de mariage passé à Neufchateau, le vingt cinq janvier mil cinq cent quatre vingt deux, entre Jean de Bourcier, écuyer et Marguerite du Saulget, fille de noble Claude du Saulget où le dict Jean est dict fils de nobles conjoints Claude de Bourcier et Alizon Cachet, ses père et mère, et fut assisté de François de Bourcier, écuyer, son frère germain, et de Jacquotte de Bar sa femme et que du dict Jean de Bourcier et de Margueritte du Saulget sa femme, est né Pierre de Bourcier, escuyer, qui épousa Catherine de Sauvage dont est né le suppliant ainsi qu'il est prouvé premièrement par le testament du dict Jean de Bourcier passé à Neufchateau le deux may mil six cent huit ; secondement par un contrat de cession d'usufruit fait en faveur de Pierre de Bourcier et Catherine de Sauvage, sa femme, par Marguerite du Saulget, sa mère, passé à Vézelise le premier de novembre mil six cent dix ; troisièmement par le testament de la dicte Marguerite du Saulget, passé en Neufchateau le premier may mil six cent quinze, par lequel Pierre de Bourcier, son fils aisné, est nommé son exécuteur testamentaire et fait un leg de cinq cent frans à Jean de Bourcier, son petit fils ; quatrièmement par un contrat obligatoire passé à Coursieux le dix mars mil six cent trente sept, passé au profit du suppliant comme fils et héritier de Pierre de Bourcier écuyer, son père ; cinquièmement par le testament de François de Bourcier, écuyer, passé à Vézelise le vingt de mai mil six cent quarante six par lequel le dict Jean de Bourcier, suppliant, est nommé exécuteur testamentaire et héritier du dict François de Bourcier, son oncle. — Tous quoy prouve suffisament que le suppliant est au onzième degré de la noblesse de ses ancestres, tout vu et considéré nous pour ces causes scavoir faisons qu'ayant vu en nostre conseil les pièces justificatives de l'ancienne extraction noble du suppliant et mettant en considération les services qu'il nous a rendû et continüe de nous rendre avons de notre certaine science pleine puissance et authorité souveraine reconnus et avoués reconnoissons et avouons par ces... (deux mots illisibles)... le dict Jean de Bourcier et sa postérité née et à naistre en leal mariage, *pour gentilhommes d'ancienne extraction et de tournois Voulons et nous plaît qu'ils jouissent de tous honneurs et prérogatives, préeminences, timbres d'armoiries, couronnes et supports appartenans à gentilhommes d'ancienne race avec puissance de porter les armes de ses ancestres, telles qu'elles sont cy-dessus mentionnées, ou celles énoncées ès lettres de noblesse, par nous accordées au dict suppliant le dix septième de may mil six cent quarante six* et en oultre avons maintenu et maintenons le dict Jean de Bourcier suppliant et ses descendants *dans les qualités d'escuyers, chevallier et touttes aultres dont ses ancestres ont joui tant dans nos états qu'ailleurs.* et y donnons mandement à tous nos mareschaux sénéchaux, baillis, présidents, conseillers, auditeurs, tenans nos Cour souveraine et Chambre des Comptes de Lorraine, lieutenants généraux, capitaines, procureurs généraux, leurs lieutenants et substituts et tous aultres qu'il appartiendra, que tous et chacun d'eux en droit soy ayant à faire souffrir le dict Jean de Bourcier ensemble sa postéritée née et à naistre en léal mariage jouir et user pleinement du contenu en ces dictes présentes sans aucun trouble ny empèchement au contraire, car ainsy nous plait. En foy de quoy nous avons à ces présentes signées de nostre main et contresignées par l'un de nos conseillers et secrétaires d'Etat, commandements et finances fait mettre et appendre nostre grand Scel données en nostre ville de Nancy, le sixième jour du mois de mars mil six cent soixante neuf.

Signé CHARLES
par Son Altesse Mengin. »

Reg^{t} CORDIER

Du six avril 1669.

« Charles, par la grâce de Dieu, duc de Lorraine, marchis, duc de Calabre, Bar, Gueldres, marquis de Pont-à-Mousson et de Nomeny, comte de Provence, Vaudemont, Blamont, Zutphen, Sarwerden, Salm, etc., à tous ceux qui ces présentes verront salut scavoir faisons qu'en la cause ce jourdhuy audiancée pard^{t} nostre Cour souveraine de Lorraine et Barrois entre nostre cher et bien aymé le Sr Jean de Bourcier, chevallier, lieutenant g^{nal} au B^{aage} du Comté de Vaudemont impétrant de lettres de reconnaissance, de gentillesse et en demandant l'enthérinement par C. Bailly d'une part et nostre procureur g^{nal} deff^{o} d'autre part, à l'appel de la cause après que le demandeur a conclud aux fins de d^{t} enthérinement suivant sa Req^{te} et : (1 mot illisible) les dites lettres en datte du sixième de Mars, année courante scellées (1 mot illisible) et ouy sur le tout Nrod^{t} procureur g^{nal}.

« Nostre d^{te} Cour a enthériné et enthérine les dictes lettres patentes selon leur forme et teneur, ordonne qu'elles seront registrées pour y avoir recours comme et quant besoing sera.

« Donné à Saint-Mihiel (1) le sixième du mois d'avril mil six cent soixante neuf sous le grand Scel de nostre d^{te} Cour.

Par la Cour
Signature illisible. »

(1) Le parlement de Saint-Mihiel, supprimé en 1635 par Louis XIII, fut rétabli en 1661 par Charles IV et supprimé en 1670 par Louis XIV. Les lettres patentes furent enregistrées au parlement de Metz le 14 janvier 1671.

BOURCIER

MAISON ORIGINAIRE DU BÉARN

DEPUIS LONGTEMPS ÉTABLIE AU COMTÉ DE BOURGOGNE, DANS LA GUYENNE, LE LANGUEDOC, LES PAYS-BAS ET DEPUIS PLUS DE 300 ANS EN LORRAINE.

(Généalogie extraite du Nobiliaire de La Chesnaye-des-Bois, tome III. 2e édition, publiée en 1761) (1).

I. Mathieu **de Bourcier** (1285), qui vivait avant 1285, est qualifié Valeureux chevalier dans un brevet de pension accordé à Sibylle d'Uxelles. sa veuve, et au jeune Jean de Bourcier, écuyer (son fils qui suit), par Philippe III, dit le Hardi, roi de France, le 12 août 1285, en considération des services rendus par ledit Mathieu de Bourcier, tué au siège de Girone.

II. Jean **de Bourcier**, premier du nom, fut lieutenant du Roi ès Pays-Bas et épousa Jeanne du Bled, fille de Raoul du Bled, chevalier, de laquelle il eut

III. Paul **de Bourcier**, premier du nom, qui mourut âgé de 70 ans en 1380, et fut enterré en l'église St-Etienne, de Besançon. Il épousa, le 5 décembre 1337, Améline de Damas, dont

IV. Robert **de Bourcier**, écuyer de Jean duc de Bourgogne. Il l'accompagna à la fa-

(1) Généalogie rédigée d'après *un mémoire dressé sur les pièces originales, approuvées* par arrêt de la Cour Souveraine et de la Chambre des Comptes de Lorraine, qui ont été fournies à M. *Lionnois*, prêtre et principal du Collège-Université de Nancy.

meuse entrevue que ce Prince eut à Montereau avec le Dauphin, plus tard Charles VII. Il y fut assassiné, comme il est rapporté dans le brevet de pension accordé à Renaud de Bourcier, son fils qui suit, par Philippe, duc de Bourgogne. Il avait épousé Isabeau de Longwy.

V. Renaud **de Bourcier**, fut seigneur de Burlémont et chambellan de Philippe, duc de Bourgogne, qui lui accorda le 20 décembre 1459, « *en récompense de ses services et de ceux de son père,* » un brevet de pension. Il est nommé dans le contrat de mariage de Pierre de Bourcier, son fils qui suit. Par son testament du 29 mars 1464, il lègue à ce dernier l'usufruit de la moitié du revenu de ses biens, et l'autre moitié à Anne de Rougemont, son épouse.

VI. Pierre **de Bourcier**, chevalier seigneur de Burlémont, gentilhomme du Duc de Bourgogne, fut capitaine de 120 hommes d'armes au service de Charles, dernier Duc de Bourgogne, dit le Téméraire, avec lequel il fut tué à la bataille de Nancy, le 5 janvier 1477. — Il avait épousé, en 1450, Anne de Berthod, fille de Claude de Berthod, écuyer seigneur de St-Aubin et d'Anne de Beyviez, de laquelle il eut :

1° Bernard, qui suit,

2° Raymond, auteur de la branche établie en Lorraine, rapportée plus loin.

3° Huguette, mariée à Claude de Sauvage, écuyer capitaine de 100 chevaux, au service du duc de Bourgogne (2 mars 1475).

VII. Bernard **de Bourcier** fut maître d'hôtel de Jean d'Albret, Roi de Navarre. Il épousa, par acte passé le 4 juin 1474, Pierrette de Sauvage, fille de Ferri de Sauvage et d'Yolande de Cromambourg, de laquelle il eut

VIII. Bertrand **de Bourcier**, premier du nom, fut aussi maître d'hôtel de Jean d'Albret, qui étant à Mazères, le maria avec Marthe de Pontaut, avec laquelle il acquit quelques biens dans le comté de Foix. Il eut :

1° Paul, qui suit.

2° Jean II, du nom dit le Protonotaire, qui mourut jeune, ayant de grands bénéfices (1).

3° Claude, qui embrassa l'état ecclésiastique.

4° Bertrand, deuxième du nom, tué par un de ses parents.

IX. Paul **de Bourcier**, deuxième du nom, gendarme à la grande paye dans la Compagnie du Maréchal de Montpezat, mourut avant 1567. Il épousa Marguerite de Chaume, fille de François de Chaume, seigneur de la Guasdaville. En faveur de ce mariage, Michel de Pontaut, son oncle maternel, doyen de l'église collégiale de Notre-Dame de Belmont, lui donna la seigneurie de Barre, par acte passé le 13 août 1534, à condition qu'il porterait le nom et les armes de Pontaut, qui sont : d'azur à 2 lions d'or affrontés et appuyés sur une colonne d'argent mise en pal entre deux. Il eut de son mariage :

1° Michel, seigneur de Barre et de Cabannes, capitaine d'une des vieilles bandes du roi et

(1) Jean de Bourcier après avoir été page du grand prieur de France, mourut *Chevalier de Malte* au voyage de Gerbes.) (*Nobiliaire de Saint-Allais.*)

gentilhomme ordinaire de la Maison de Monsieur, frère du Roi. Il fit son testament le 25 août (1569), et comme il n'y parle que de son frère et de ses sœurs, il ne paraît pas qu'il ait eu d'enfants.

Il épousa, le 5 avril 1561, Charlotte de Falcoux, fille de noble Claude de Falcoux.

2° Jean, qui suit.

3° et 4° Gabrielle et Louise, rappelées dans le testament de Michel, leur frère.

X. Jean **de Bourcier,** dit de Pontaut, troisième du nom, seigneur de Barre, reçut du Duc de de Montmorency, le 23 janvier 1578, commission de recevoir les serments des sieurs de Chatillon et de St-Romain. Il eut une autre commission du même, le 16 septembre de la même année, qui l'établit Gouverneur de Beaucaire. En avril 1585, le roi Henri III lui donna le gouvernement de Leucate, en Languedoc, et la survivance à Hercule de Bourcier, son fils.

Le Duc de Joyeuse lui envoya, le 19 septeptembre 1585, une commission qui lui donna le commandement du pays de Narbonne. Le même lui envoya, en 1590, le brevet de Maréchal des camps et armées du Roi. Dans tous ces actes, il est nommé « sieur de Bari, gouverneur de Leucate, guidon de notre compagnie d'ordonnance ou maréchal des logis de notre compagnie.

Dans les troubles de la Ligue, il fut trouvé hors de sa place, par les ennemis qui, n'ayant pu le forcer à livrer Leucate, que sa femme défendit avec un courage au-dessus de son sexe, le massacrèrent dans les prisons de Narbonne, où il fut conduit. Il avait fait son testament en 1583 : il s'y nomme Jean de Bourcier, dit de Barre, commandant pour le Roi à

Leucate. Il avait épousé par acte du 4 avril 1577, Françoise de Cezelly, dame de St-Aunez, qui fit aussi son testament le 12 octobre 1619. Ses enfants furent :

1o Hercule, qui suit.

2o Paul-Aubert, mort religieux.

3o Antoine-Claude dit de St-Aunez, mort sans postérité, pourvu de la charge de gouverneur de Leucate en survivance, et seigneur de Barre (1).

4o Anne.

5o François, né posthume, mort célibataire.

XI. Hercule **de Bourcier** obtint en 1585, la survivance du gouvervement de Leucate, dont Jean, son père, était en possession. Le roi Henri IV lui fit expédier, le 26 octobre 1590, un brevet pour ce gouvernement et on lit dans ce brevet : « Que ce prince, dûment informé de la fidélité, zèle et affection que défunt le sieur de Barre a porté au bien et service du défunt Roi notre très honoré seigneur et frère, et à la conservation du château de Leucate, en notre pays de Languedoc, sous l'obéissance dudit défunt, sans y avoir épargné ses moyens et sa personne qu'il a volontairement exposée à l'assassinat qui a été commis de sa personne, ès prisons de notre ville de Narbonne, plutôt que de remettre ledit château ès-mains de nos ennemis rebelles, dont il était poursuivi : espérant qu'à son exemple, notre bien-aimé et féal Hercule de Barre, son fils, continuera lesdits services avec la même affection et fidélité envers nous », etc...

(1) On trouve écrit indifféremment Barre ou Bari.

Il prit possession dudit gouvernement le 20 mars 1590 et obtint de Henri IV, dans les années 1595, 1600, 1601, 1603, 1605, 1606 et 1608, et de Louis XIII, en 1610, 1612 et 1614, des brevets pour le maintenir dans ledit gouvernement.

Dans celui de 1595, il est dit « qu'advenant « le décès d'icelui Hercule de Bourcier, ledit « état et charge de gouvernement desdites « villes et château de Leucate, après avoir été « réservé à Paul-Aubert, son frère, mais que « Sa Majesté ayant été avertie que ce dernier « s'est depuis peu rendu religieux, a transféré « ladite grâce en la personne d'Antoine-Claude « de Bourcier, sieur de Barre, son autre « frère. » Il épousa, par contrat du 23 janvier 1607, Marie de Thésan, fille de noble Pierre de Thésan, seigneur de St-Genyès et de Marie de Meurrian, dont il eut :

1° Jean-Antoine.
2° Henri, qui suit.

XII. Henri **de Bourcier de Cezelly**, seigneur de St-Aunez, reçut en 1606 ses patentes pour le gouvernement de Leucate. Au mois de février 1616, il obtint une commission d'un régiment d'infanterie française à son retour d'Espagne, où il s'était retiré pour éviter l'effet des mauvais services que lui avait rendus un seigneur puissant à la Cour (le Prince de Condé), comme on le voit par les patentes du 27 janvier de cette année, dans lesquelles Louis XIII s'explique ainsi :

» Le feu Roi, notre très honoré seigneur et « père de glorieuse mémoire, ayant été dû- « ment éclairci des vrais motifs qui avaient « obligé Henri de Bourcier, sieur de St-Aunez,

« pourvu de la charge de gouverneur de notre « citadelle de Leucate, à la survivance du sei- « gneur de Barre, son père, de se retirer en « Espagne, comme le plus proche lieu qu'il « pouvait trouver pour la sûreté de sa per- « sonne, notre dit seigneur et père lui aurait « dès lors accordé son absolution, laquelle « toutefois ne lui ayant pu être expédiée à « cause du décès de notre dit seigneur et père, « arrivé un peu après... etc.

Le 19 novembre 1638, il eut une pension de 3,000 livres, il fut nommé lieutenant-général, représentant la personne du roi en son armée d'Italie, en l'absence du prince Thomas de Savoie.

La commission le nomme le seigneur de St-Aunez, maréchal de nos camps et armées, mestre de camp d'un régiment de cavalerie pour notre service, gouverneur de Leucate... etc.

Le 18 février 1655, le Duc d'Uzès fut établi commissaire, pour examiner les preuves de noblesse dudit seigneur de St-Aunez, pour entrer et être associé à l'ordre du Saint-Esprit. Le procès-verbal que ledit commissaire commença le 31 mars 1655, rapporte toutes les preuves dont il est question ci-dessus. — La preuve de sa noblesse complète comme il est dit par le certificat du même commissaire. — Ayant l'option du *Cordon bleu* ou d'une somme de 100,000 livres, content d'avoir satisfait à la preuve, il accepta les 100,000 livres.

Le Roi ayant résolu de faire démolir les forteresses et château de Leucate, lui fit expédier au mois de juillet 1665, un arrêt qui lui accordait pour dédommagement de son gouvernement 100,000 livres, lesquelles devaient être mises en vente au profit du sieur Henri de

Bourcier, et le fond appartenir à Charles, son fils aîné, aussi pourvu dudit gouvernement en survivance.

Dans l'acte de fondation qu'il fit de 3 chapelles, le 15 août 1655, en l'église des Claristes de Lésignan le Narbonnais, il est qualifié messire Henri de Bourcier de Cézelly, sieur de St-Aunez, Baron de Lésignan et autres places, chevalier de l'Ordre du Roi, par brevet de Sa Majesté, lieutenant-général en ses armées et gouverneur de Leucate.

Il épousa par contrat du 19 février 1623, Clérice de Ribes, qui fit son testament le 19 juin 1669 et s'y dit veuve de Messire Henri de Bourcier, en son vivant Comte de St-Aunez, et nomme ses enfants. Elle était fille de Pierre de Ribes, seigneur de Lésignan et d'*Isabeau de St-Bonnet de Thoiras*.

XIII. Charles **Marquis de St-Aunez** et Claude **de Bourcier**, sans postérité.

Ils eurent :

1° Charles, connu sous le nom de Marquis de St-Aunez, né en 1638, pourvu du gouvernement de Leucate, qui obtint les 160,000 livres portées par l'arrêt de 1665, que le Roi accordait à son père en dédommagement pour ledit gouvernement : il fut aussi capitaine d'une compagnie de chevaux-légers, par commission du 26 août 1667, et mourut sans postérité.

2° Claude, né en 1640. M. de Bezons, intendant du Languedoc, commissaire député, pour connaître du fait de noblesse, le fit assigner ainsi que son frère Charles, pour faire leurs preuves. Les titres produits et examinés, il rendit son jugement le 26 juin 1669, par lequel il déclare lesdits Charles et Claude de

Bourcier, sieurs de St-Aunez, nobles et issus de noble race et ordonne que tant eux que leur postérité, née et à naître de légitime mariage, jouiront des privilèges de noblesse, tant et si longuement... etc.

3° Gabrielle, mariée à messire de St-Geran, seigneur de Caudrebonde.

4° N..., mariée à noble Gabriel de Montredon.

Branche des Bourcier de Lorraine.

VI. Voir ci-dessus, n° VI, Pierre **de Bourcier.**

VII. Raymond **de Bourcier,** Comte d'Irpo, deuxième fils de Pierre de Bourcier et d'Anne de Berthod, chevalier, fut d'abord page du Comte de Charolais, puis enseigne de 120 hommes d'armes de la compagnie de Pierre de Bourcier, son père, et armé chevalier par l'Empereur Maximilien, qui le créa Comte d'Irpo, à Anvers, en 1495 (1). — Dans le testament de Renaud de Bourcier, son aïeul, du 29 mars 1464, on lit : « Je lègue à Raymond de Bourcier, fils dudit Pierre, à présent page à M. le Comte de Charolais, toute mon armure et équipage, afin qu'il gagne chevalerie. » Il mourut en 1517, âgé de 67 ans, comme il conste par l'extrait de son épitaphe placée dans l'église St-Etienne de Besançon, où il est nommé « Noble seigneur Raymond de Bourcier, vivant chevalier Comte d'Irpo, jadis en-

(1) Lors des fêtes du tournoi qui eut lieu à Anvers, en 1495. (Voir à l'appendice lettres patentes de Charles IV.)

seigne de 120 hommes d'armes, au service de Charles, duc de Bourgogne. » Il épousa par acte du 30 octobre 1496, Jeanne de Bracie, fille de Collart, chevalier seigneur des Berfins et de Perronnelle de Donjon.

Dans le contrat, il est qualifié « chevalier comte d'Irpo, seigneur de Burlémont, et fils de feus très nobles conjoints Pierre de Bourcier, chevalier, et Anne de Berthod.

Il eut de son mariage :

VIII. Charles **de Bourcier**, chevalier, Comte d'Irpo, Baron de Fez, seigneur de Burlémont, qui est qualifié « noble seigneur Charles de Bourcier, « écuyer, Baron de Fez, Seigneur de Burlé- « mont, natif de Gand, es-Pays-Bas ; à présent « capitaine de 300 chevaux pistoliers, pour le « service de l'Empereur Charles-Quint, et fils « de noble seigneur Raymond de Bourcier et « de feu dame Jeanne de Bracie, » dans un contrat de vente d'une maison située à Besançon, passé le 23 octobre 1537. Dans une sentence des gouverneurs de cette ville, rendue à son profit le 23 avril 1548, il est nommé « capitaine de chevaux-légers de Sa Majesté Impériale. » Comme il avait consumé au service de l'Empereur Charles V, son souverain, la meilleure partie de son patrimoine (1), il en reçut pour récompense une pension par une lettre datée de Tolède, le 1er avril 1538, et pour dédommager en quelque sorte sa famille, le même Empereur accorda encore une pension de table à ses 2 fils en bas âge, qu'il déclara être issus d'ancienne race de gentilshommes de tournoi Il fit son testament le 2 mars 1540

(1) En le servant dans les guerres de Gueldres, d'Italie et d'Afrique, où il fut créé Baron de Fez. (Voir lettres patentes de Charles IV.)

et choisit sa sépulture dans l'église St-Etienne de Besançon, où gisent Raymond, son père, et Renaud, son bisaïeul, et établit sa femme héritière universelle, lui recommandant ses deux fils en bas âge. Il épousa par contrat passé à Fougerolle, le 31 décembre 1529, Françoise de Dintheville, fille d'Antoine, chevalier seigneur dudit lieu et de Barbe de Ste-Maure, dont :

1° Jean, qui s'établit en Espagne. Il suivit le parti des armes, fut capitaine d'une compagnie de chevaux-carabiniers au service de Philippe II, Roi d'Espagne, et emporta le peu de fortune qui resta de son père.

2° Claude, qui suit.

IX. Claude **de Bourcier,** chevalier, laissé seul, obligé de quitter son pays dévasté par les guerres de religion, vint s'établir en Lorraine, où la générosité des Ducs de cet Etat attirait nombre d'étrangers : il prit le parti de la robe et se distingua bientôt par ses talents. Il épousa Alison Cachet ou Bagadour, qui lui apporta la terre d'Auzainvilliers qui, par sa nature de fief situé en Lorraine, exige dans l'armée la preuve littérale de noblesse. Claude de Bourcier se trouvant sans aucun titre, et son frère se trouvant en Espagne, aima mieux recourir aux grâces d'un souverain qui recevait avec plaisir des étrangers qui augmentaient le nombre de ses sujets distingués, que de faire les frais d'un si long voyage.

Il prit donc des lettres de noblesse en 1572, de Charles IV, duc de Lorraine, mais ces lettres ne purent nuire à son ancienne extraction. Elles sont seulement la preuve qu'il n'a rien fait de dérogeant à la noblesse, comme on le verra plus tard par la lettre du duc

Charles IV, en faveur de Jean de Bourcier, son arrière-petit-fils, qui aussi peu instruit, prit encore de nouvelles lettres de ce Prince. Mais trois ans après, ce Prince les annula et déclara ledit Jean de Bourcier gentilhomme d'ancienne race de tournoi.

Claude de Bourcier eut :

1° François, seigneur d'Auzainvilliers, marié à Jacquette de Bar, de laquelle il n'eut qu'une fille, mariée à Gaspard de Bazentin, à qui elle porta la terre d'Auzainvilliers.

2° Jean, qui suit

X. Jean **de Bourcier**, quatrième du nom, fit de concert avec son frère François, en 1594, un traité avec les religieuses de Ste-Claire, de Neufchâteau, pour faire recevoir en leur monastère, noble Alison Cachet, leur mère. — Le 19 mai 1597, Jehan de Bourcier, oncle de François et de Jean de Bourcier, capitaine d'une compagnie de chevaux-carabins au service d'Espagne, se trouvant à Besançon, leur envoya copie de la lettre de pension accordée à Charles de Bourcier, son père, aïeul desdits François et Jean de Bourcier.

Cet oncle y est nommé « Jehan, fils de feu « messire Charles de Bourcier, de son vivant « chevalier, baron de Fez, seigneur de Burlé- « mont, capitaine de 300 hommes de chevaux- « pistoliers, au service de l'Empereur Charles- « Quint, » et plus bas il est dit : « Qu'il fait « mission de ladite lettre aux sieurs François « et Jean de Bourcier, écuyers seigneurs d'Au- « zainvilliers, ses neveux, domiciliés à Neuf- « château, en Lorraine. — Iceux François et « Jehan, fils de Claude de Bourcier, vivant

« écuyer demeurant audit Neufchâteau, son « frère puîné. »

Jean de Bourcier fit son testament le 2 mai 1608, dans lequel il se nomme noble Jean de Bourcier, archer des gardes de son Altesse, et choisit sa sépulture dans St-Nicolas de Neufchâteau, où Claude de Bourcier, son père, était inhumé.

Il lègue à sa femme au-delà de son douaire, l'usufruit d'un gaignage à Housséville.

Il épousa par contrat du 25 janvier 1582, Marguerite du Saulget, fille de noble Claude du Saulget, archer des gardes de Charles III, duc de Lorraine, et de Claudine de Sanglier.

Il eut :

1° Pierre. qui suit.

2° François, écuyer capitaine au régiment d'Epinal. Sans postérité.

3° Jeanne Marguerite, (tous trois mentionnés dans son testament.)

XI. Pierre **de Bourcier**, archer des gardes de Son Altesse Charles IV, duc de Lorraine, mourut en 1636, pendant que la peste ravageait la Lorraine. Il épousa Catherine de Sauvage. sa cousine, fille de Louis de Sauvage, écuyer, et de Gertrude du Saulget. Marguerite du Saulget, sa mère. lui fit, et à Catherine de Sauvage. son épouse, le 1er novembre 1610, cession d'une partie de l'usufruit à elle légué par son mari, dans son testament du 1er mai 1615, dont elle nomme exécuteur testamentaire Pierre de Bourcier, son fils aîné, et fait un legs à Jean de Bourcier, son petit-fils :

Il eut :

XII. Jean **de Bourcier**, cinquième du nom, qui alla fort jeune faire son droit à Padoue. Ses père et mère étant morts de la peste qui désola la Lorraine de 1631 à 1637, et n'en ayant reçu ni nouvelles ni secours pour continuer ses études, il revint à Neufchâteau, où le peu de gens qui avaient résisté au fléau, ne purent lui donner de connaissance de ses parents, ni de leurs biens, ni de leurs titres. Il fut inquiété pour cause de noblesse en 1645, et ne pouvant la justifier, il fut obligé d'en prendre des lettres, le 17 mai 1646. Mais peu après, ayant recouvré une partie de ses titres concernant l'ancienne extraction de sa maison, il présenta une requête à Charles IV, duc de Lorraine, qui en 1646, lui avait donné les lettres d'anoblissement; lequel, après avoir fait examiner par M. du Chatelet, maréchal de Lorraine, les titres proposés, *reconnaît et déclare par ses patentes du 16 mars 1669, ledit Jean de Bourcier, fils de Pierre de Bourcier, archer des gardes de Son Altesse,* **gentilhomme d'une ancienne race de tournoi,** *le maintient, lui et sa postérité, née et à naître, en légitime mariage dans toutes les qualifications dont ses ancêtres avaient joui tant dans ses états qu'ailleurs,* **avec puissance de porter les armoiries de ses dits ancêtres** (1).

Lesdites lettres-patentes entérinées en la Cour de St-Mihiel, le 6 avril 1669. Il y est qualifié chevalier lieutenant-général au bailliage du Comté de Vaudémont. — Il se maria en 1645 avec Marthe de Pierresson, d'une famille

(1) Ces lettres patentes dont on trouvera la reproduction à l'appendice ci-dessus relatent, dans toute leur forme et teneur, les degrés de descendance mentionnés dans la présente généalogie ; elles prouvent d'une manière évidente et authentique, que la branche fixée en Lorraine était reconnue, dès cette époque, pour avoir pris sa souche dans la Maison de Bourcier, des Comtes d'Irpo, de Pontaut et de Saint-Aunez.

connue pour noble dans le pays, dès 1497. Il mourut en 1679.

Il eut :

1° Claude-François, mort sans enfants, de Marie-Thérèse Virien de Nibles, dont le père avait été longtemps envoyé extraordinaire du duc Charles IV à Rome.

2° Jean-Léonard qui suit.

3° Joseph-Hubert, auteur de la branche des Bourcier de Villers.

4° Mathieu, prêtre doyen du Chapitre de St-Mihiel. Mort en 1716.

5° Gaspard, mort sans alliance.

6° Charlotte-Louise, épouse de Pierre de Toustain, marquis de Viray, lieutenant-colonel du régiment Dauphin cavalerie, dont elle eut un fils qui fut avocat-général à la cour souveraine Lorraine.

XIII. Jean-Léonard **de Bourcier,** chevalier, embrassa d'abord l'état ecclésiastique qu'il quitta pour suivre le Barreau, dans lequel il acquit la plus grande réputation. Il fut avocat-général, au siège de la table de marbre du Parlement de Metz. Comme la France occupait alors la Lorraine et le Luxembourg, il fut fait conseiller et procureur-général au Conseil de Luxembourg, par patentes du 30 mars 1694.

Dès que le duc Léopold fut arrivé dans ses états, après la paix de Ryswick, Jean-Léonard de Bourcier fut nommé avocat et procureur-général, en cour souveraine de Lorraine et Barrois ; il en reçut les provisions le 14 août 1698. Le même prince le nomma, le 20 mai 1709, son ministre plénipotentiaire à la Haye, et en 1712 il l'envoya, avec la même qualité, au congrès d'Utrecht. Enfin, le 26 septembre 1720, le duc de Lorraine envoya, au Baron de Bourcier, les lettres de premier président de la Cour Souveraine. Il mourut le 3 septembre 1726 et a été inhumé aux Minimes de Nancy où on lui a dressé un fort beau mausolée, œuvre du célèbre sculpteur Chassel (1).

Il épousa, par contrat du 30 juin 1665, (Liart, notaire à Luxembourg), Anne Boulet fille de noble Nicolas Boulet et de Jeanne Prinet dont il eut

1° Jean-Louis qui suit.

2° Joseph, baron de Moineville, capitaine de dragons au régiment de Bussy-Rabutin, puis sous-lieutenant de chevau-légers de la garde du grand-duc de Toscane, duc de Lorraine et de Bar.

3° Un fils qui fut capucin puis trappiste et qui, usé d'austérités, fut transféré en 1719 au prieuré des chanoines d'Hérival où il mourut en 1723.

4° Une fille morte en 1709 âgée de 17 ans.

5° Une autre fille entrée comme religieuse à la Visitation de Nancy.

XIV. Jean-Louis **de Bourcier**, né à Luxembourg, le 11 mai 1687, fit ses reprises pour la Baronnie de Montureux, le 3 septembre 1721 ; obtint des lettres pour la survivance de l'office de premier président et de procureur-général, en la Cour Souveraine de Lorraine et Barrois. Il fut envoyé par Léopold duc de Lorraine, par lettre du 23 septembre 1723, en Cour de Rome, en qualité de résident pour les affaires ecclésiastiques de ce duché. Au mois de mai, de la même année, son souverain lui céda le droit de retrait féodal de la terre d'Arracourt. Dans

(1) Ce Monument a été brisé pendant la Révolution.

tous les actes il est qualifié Baron de Montureux et de Mervaux et seigneur d'Arracourt, il fut créé Comte en 1735 par François III, empereur d'Autriche, ancien duc de Lorraine. Il mourut le 14 septembre 1751, et fut inhumé, avec pompe, le 16, dans l'église des religieux Minimes de Nancy, en la chapelle de sa famille.

Il épousa, par contrat passé à Paris, Marguerite-Françoise de Barrois (1), fille de messire François de Barrois, chevalier, Baron de Manonville, seigneur de Kœurs, Conseiller d'Etat de S. A. R. et son envoyé extraordinaire à la Cour de France. Il eut :

1° Alexis-Augustin, qui suit.

2° François-Léonard, marié à Anne-Gabrielle de Millet, Baronne de Chevers, fille de messire Claude-Abraham de Millet, Baron de Chevers, président de la Chambre des Comptes de Lorraine, auteur de la branche de Montureux-Ficquelmont, rapportée ci-après.

3° Jean-Louis, chanoine de la Collégiale St-Georges.

4° Marguerite.

XV. Alexis-Augustin, **Comte de Bourcier,** Chevalier, Baron de Montureux, seigneur de Valhey, d'Arracourt, brigadier des armées du Roi, colonel d'un régiment de son nom, Chevalier de St-Louis, décédé le 7 janvier 1769,

1) La Comtesse de Bourcier, née Barrois, avait une sœur qui devint la Comtesse de Franquemont et qui eut 2 filles, la Comtesse d'Hoffelize et la Comtesse de Mitry. La Comtesse d'Hoffelize eut un fils qui épousa Mademoiselle de Nettancourt et une fille qui épousa le Comte de Toustain.

avait épousé par contrat (1) signé de Sa Majesté le roi Louis XV, le 3 octobre 1750, demoiselle Marguerite de Durfort, dame d'honneur de S. A. R. Mme la Duchesse d'Orléans, fille de François de Durfort, seigneur de Caujac, et de dame Marie de Gauthier, de laquelle il a laissé (2)

(1) Une partie de la dot de Mademoiselle de Durfort est constituée par un legs de feu S. A. R. Madame la Duchesse d'Orléans. Son père n'ayant pu prendre part au contrat se fait représenter par procuration par Louis de Durfort comte de Lorges, lieutenant général des armées du Roy.

Le contrat est passé « En la présence et de l'agrément du Roy et « de la Reyne, de Monseigneur le Dauphin, de Madame la Dauphine, « de Mesdames de France, de S. A. S. Monseigneur le Duc d'Orléans» « de S. A. S. Monseigneur le Prince de Condé, de S. A. S. Monsei- « gneur le Comte de Charolois. Et encore de Monseigneur le Maré- « chal de Duras, de Monseigneur le Duc et de Madame la Duchesse « de Duras, de Madame la Duchesse de Lorge, de Madame la Du- « chesse de Randan, de Madame la Comtesse de Lorges de Monsieur « le Comte et Madame la Comtesse de Durfort de Civrac, de Monsieur « de Raigecourt de Comté et de Monsieur le Chevalier de Marbœuf, « tous parents de la demoiselle future épouse. »

Les signatures furent données partie à Versailles, pour le Roi et la famille Royale où les notaires se transportaient le 3 Octobre 1750 et partie en l'hôtel du Duc de Duras, rue de Varennes. (Voir minutes du contrat.)

La branche de Durfort de Deyme, Verniole et Rouzine, à laquelle appartient la Comtesse de Bourcier de Montureux, tire son origine de Bernard de Durfort, 3e fils de Raimond-Bernard, Baron de Clairmont-Sobeiran qui vivait en 1262. (Voir dans le nobiliaire de La Chesnaye-des-Bois la généalogie des Durfort, rédigée sur celle imprimée de cette Maison, en 1771, chez Hérissant et signée de Monsieur le Maréchal, Duc de Duras, de Messieurs de Durfort Marquis de Duras, Durfort Comte de Duras, le Maréchal Duc de Lorges, Durfort de Boissières de Pille, le Comte de Durfort-Boissières. Durfort Comte de Deyme, et le Chevalier de Durfort-Deyme de Rouzine.)

C'est un Durfort de cette branche, trisaïeul de la Comtesse de Montureux, qui fut l'ami d'Henri IV.

A cette branche appartinrent encore le général de Durfort, qui fut gouverneur de Saint-Cyr sous la Restauration, Raymond de Durfort, archevêque de Besançon, prince de Montbeillard... etc., la Marquise de Turenne, la Comtesse de Galard-Béarn, mère de la Duchesse de Vallombrose, la Maréchale de Beurnonville, etc.

(2) Ici s'arrête la généalogie de La Chesnaye-des-Bois, rédigée d'après un mémoire *dressé sur les pièces originales approuvées par arrêt de la cour souveraine et de la chambre des comptes de Lor-*

1° François-Joseph-Dieudonné, chevalier seigneur de Montureux qui suit.

2° Gabriel-Georges-François Comte de St-Aunez, officier au régiment d'Alsace et ensuite officier à l'armée de Condé (au Royal-Allemand).

3° François-Louis-Joseph Baron de Bourcier de Montureux, officier au régiment d'infanterie de Monsieur, chevalier de St-Louis, de la Légion-d'honneur et du Croissant, fit cinq campagnes dans l'armée de Condé, huit dans l'armée anglaise avec laquelle il prit part, comme colonel de cavalerie, à la défense de l'Egypte contre Bonaparte, fut nommé commandant civil de la ville de Nancy, en 1814, puis préfet de la Corse dans cette même année, puis après les cent jours (25 juin 1815), commandant supérieur de l'arrondissement d'Aix, qu'il défendit contre le maréchal Brune. Le Marquis de Rivière, gouverneur du Midi, le choisit pour entamer les négociations relatives à la reddition de Toulon. Il fut ensuite préfet de la Dordogne (1815-1817), préfet de l'Ardèche (1822-1828). Né en 1768, il mourut en 1838. Il avait épousé Jeanne de Thomassin de Bienville, fille du Comte de Bienville et de Mlle de Ferrette (de l'illustre maison des Ferrette d'Allemagne) (1), dont il eut un fils, Arthur de Montureux, né en 1805, mort en 1870, sans postérité.

raine qui ont été fournies à M. Lionnois, prêtre et principal du collège-université de Nancy.

La continuation de la généalogie est rédigée par le comte Arthur de Montureux (1896).

(1) Mademoiselle de Ferrette était nièce du bailli de Ferrette, commandeur de l'Ordre de Malte. Sa sœur épousa le marquis de Meyronnet, dont elle eut une fille qui épousa le Comte de Comminges-Guitaut.

4° Marie-Anne-Louise-Sophie de Bourcier de Montureux, prouvée et admise dans le Chapitre noble Neufville-les-Dames, et ensuite mariée au marquis de Villay d'Esne.

XVI. François-Joseph-Dieudonné **Comte de Bourcier de Montureux**, né en 1760, mort en 1840, capitaine du régiment de Royal-Picardie-Cavalerie, Officier à l'armée de Condé, chevalier de St-Louis, il épousa Amélie de Cœur-de-Roy, fille de Michel-Joseph de Cœur-de-Roy, Marquis d'Aulnoy, premier président du Parlement de Lorraine (1), de laquelle il eut

1° Adolphe Comte de Bourcier de Montureux, officier aux gardes d'honneur, fit la campagne de Leipzig, entra aux mousquetaires rouges sous la Restauration et fut aide-de-camp du maréchal de Vioménil, avec lequel il fit la campagne d'Espagne. Chevalier de la Légion-d'honneur et de St-Ferdinand d'Espagne. Né en 1787, mort en 1828, il avait épousé Virginie de Vertille de Richemont, fille du Comte de Richemont, d'une famille originaire de Bretagne, établie depuis 200 ans aux colonies. Sans enfants.

2° Jules Comte de Bourcier de Montureux, marié à Amélie de Gourcy (2), dont il a eu un fils, Paul, Comte de Bourcier de Montureux, qui s'est établi en Belgique où il a épousé

(1) La famille de Cœur de Roi était une ancienne famille de Bourgogne, illustrée dans la magistrature et dans l'armée. Elle était alliée aux Maisons de Polignac, Alsace-Hénin, L'Hospital, Montmorin, Prie, Tallard d'Hostun, Berchini, Puységur, Villers-Lafaye.

(2) « La famille de Gourcy issue par mâles des anciens et illustres « lords d'Irlande de ce nom, s'établit en Lorraine en 1260, et fit « partie des Assises de l'Ancienne Chevalerie lorraine. » (Voir Armorial de Jean Cayon.)

Louise de Reuls, (dont Léonce, sans alliance), et deux filles, Eugénie, mariée au marquis de Lesseville, et Zoé, mariée à M. de Conigliano.

3° Eugène Comte de Bourcier de Montureux, qui suit.

4° Zoé, mariée au Comte de Riocour.

5° Amélie, mariée à M. du Raillardy de Prautois, officier aux gardes du corps de S. A. R. Louis XVIII.

XVII. Eugène **Comte de Bourcier de Montureux**, officier de gendarmes rouges, en 1814. Capitaine de carabiniers, chevalier de la Légion-d'honneur, né en 1797, mort en 1878. Marié à Octavie de Ravinel, fille du Baron de Ravinel, officier au service d'Autriche et de Charlotte de St-Beaussant, de laquelle il eut

1° Raoul Comte de Bourcier de Montureux, qui suit.

2° Léonard, sans alliance.

XVIII. Raoul **Comte de Bourcier de Montureux**, né en 1835, marié à Marthe de Louvencourt, fille du Comte de Louvencourt (1) et d'Emma de Gondrecourt dont un fils Arthur qui suit.

XIX. Arthur **Comte de Bourcier de Montureux**, né en 1861, officier de cavalerie, marié en 1887 à Marie-Henriette-Louise de La Rochette, dont

1° Eugène, né en 1888.

2° Nicole.

(1) La famille de Louvencourt est une ancienne famille de Picardie citée aux croisades : elle s'allia au siècle dernier aux d'Aguesseau et aux Boufflers. La branche aînée à laquelle appartient la Comtesse de Montureux, s'est alliée aux Wignacourt, Sainte-Aldegonde, d'Aerschott.

Branche des Bourcier de Villers.

(Voir La Chesnaye-des-Bois pour les numéros XIII, XIV et XV).

XIII. Joseph-Hubert **de Bourcier,** 3e fils de Jean V, et de Marthe de Pierresson, fut d'abord prévôt du Comte de Vaudémont et ensuite lieutenant-général audit Bailliage, il épousa :

1o Marie-Catherine Grandmaire, fille de noble Parisot Grandmaire, Prévôt d'Epinal.

2o Marguerite de Fisse.

Il eut pour fils du 1er lit Jean-Baptiste-Joseph, qui suit.

Du 2e lit, N..., de Bourcier, seigneur de They, marié à N..., de Tessier.

XIV. Jean-Baptiste-Joseph, **Baron de Bourcier de Villers,** chevalier, seigneur dudit lieu, né le 16 mai 1677, fut conseiller d'Etat et Maître des requêtes ordinaire de S, A. R. Léopold, duc Lorraine. Il fit ériger en Baronnie sa terre de Villers-en-Haye par patentes du 17 mai 1725, et obtint le 13 septembre 1726, l'office de garde des Sceaux, au duché de Lorraine et de Bar : il avait épousé, le 7 mai 1708, Demoiselle Marie-Suzanne, fille de Messire François-Pinguet de Suzémont, chevalier, seigneur dudit lieu, et de Jeanne de Grenon de Chantilly, de laquelle il a eu (1) :

(1) La Comtesse de Bourcier de Villers, devenue veuve, se remaria avec le marquis de Rochechouart.

1° Charles-Dieudonné, qui suit.

2° Louis, Comte de Bourcier, auteur de la Branche des Bourcier de Bathlémont, rapportée ci-après.

3° N..., qui embrassa l'état ecclésiastique.

4° N..., Mariée à son Exc. Charles-Henri-Dominique, Comte de Nay et de Richecourt, chambellan de l'empereur d'Autriche, lieutenant-général de ses armées, son ambassadeur près leurs Majestés Siciliennes, colonel, propriétaire d'un régiment de son nom (2).

5° N..., Mariée au Comte d'Hellymer.

6° N..., Mariée au Comte d'Hédyval.

7° et 8°. Deux autres fils.

XV. Charles-Dieudonné, **Comte de Bourcier,** Baron d'Amermont, Seigneur de Rogéville, Vaubexi et autres lieux, né le 4 novembre 1720, chevalier de Saint-Louis, suivit d'abord le Barreau, fut ensuite capitaine de cavalerie et obtint de S. A. R. Léopold, Duc de Lorraine et de Bar, des Patentes, en date du 12 juillet 11.., pour l'office de conseiller d'Etat et Maître des Requêtes ordinaire de son Hôtel en survivance de Jean-Baptiste-Joseph de Bourcier de Villers, Baron d'Amermont son père, par un arrêt de la Cour souveraine de Lorraine et de Barrois, du 28 avril 1766. Sur les pièces justificatives il a été maintenu

(1) La Comtesse de Nay et de Richecourt eut un fils qui épousa sa cousine-germaine, Mademoiselle de Bourcier, dont il n'eut pas d'enfants, et une fille qui épousa le Comte de la Tour-en-Voivre, chambellan de Leurs Majestés impériales : ces derniers eûrent un fils, le Comte de la Tour-en-Voivre, qui épousa Mademoiselle d'Hellymer, sa tante à la mode de Bretagne. Cette Comtesse de la Tour-en-Voivre fut dame d'honneur de la reine de Naples : elle eut une fille qui vint en France avec Madame la duchesse de Berry et qui épousa le Comte de Meffray. (Voir les *Mémoires* de Madame la Duchesse de Gontaut).

en la possession où il est de se qualifier chevalier, Comte, Baron, de faire précéder son nom de la particule (de) ; desquelles qualités et distinctions, lui, Charles-Dieudonné de Bourcier et sa postérité née et à naître en légitime mariage, pourront continuer d'user et se servir, tant en jugement que dehors ; ce qui a été pareillement *jugé et confirmé* en la Chambre des Comptes de Lorraine, tant pour la branche des Bourcier de Villers que pour celle des Bourcier de Montureux.

Charles-Dieudonné de Bourcier a épousé par contrat passé à Nancy le 18 janvier 1757, Marguerite-Suzanne de Gircourt, dame de l'ordre impérial et royal de la Croix étoilée, fille de Jean-François Humbert, Comte de Gircourt, chevalier, seigneur du dit lieu, de Vaubexi et autres lieux, chancelier, garde des sceaux de feu S. A. R. Madame Elisabeth-Charlotte d'Orléans, duchesse douairière de Lorraine et de Bar, et de Suzanne-Raimonde le Roi, née baronne de Seraucourt, dont :

1º Charles-Gabriel Dieudonné, qui suit.

2º Charles-Aimé-Gabriel Dieudonné, Comte de Bourcier de Villers, officier au régiment du Roi, marié à Mademoiselle de Bosc de la Romerie, mort sans enfants.

3º N..., mariée au Comte de Nay et de Richecourt, son cousin-germain, officier au service d'Autriche, morte sans enfants.

XVI. Charles-Gabriel-Dieudonné, **Comte de Bourcier de Villers,** capitaine de cavalerie, chevalier de Saint-Louis, épousa Jeanne de Bugey dont il eut :

1º Charles, qui suit.

2° N..., Dame de l'ordre impérial et royal de la Croix étoilée, mariée au Comte de Baillet-la-Tour, officier général au service d'Autriche, qui étant ministre de la guerre, fut massacré à Vienne, lors de l'émeute de 1848 (1).

3° N..., Mariée au Baron de Prez-Crassier (2).

XVII. Charles, **Comte de Bourcier de Villers,** officier aux gendarmes rouges, capitaine de carabiniers, chevalier de la Légion d'honneur, épousa :

1° Gabrielle de Pange, fille du marquis de Pange, lieutenant-général des armées du roi, pair de France, et de Charlotte de Caraman.

2° Henriette de Raguet-Brancion, dont il eut Charles-Amic, qui suit. Il mourut en 1874.

XVIII. Charles-Dieudonné-Amic, **Comte de Bourcier de Villers,** épousa Jeanne Roxard de La Salle, dont il eut Hubert, qui suit. Il mourut en 1882.

XIX. **Hubert,** Ludovic-Charles, né en 1874.

(1) Le général de Baillet-la-Tour a laissé une fille, mariée au Comte Draskowitch, sans enfants, et un fils, chambellan de l'empereur, qui a épousé la fille du Comte Zsapari, ministre de Hongrie, dont il a eu un fils et une fille.

(2) La Baronne de Prez a eu 1° un fils, qui a épousé Mademoiselle de Crensoles, dont il a eu 2 filles, mariées en Suisse — et 2° une fille, la Comtesse d'Hoffelize, mère de la Comtesse O'Gorman.

Branche des Bourcier de Montureux-Ficquelmont.

XV. François-Léonard, **Comte de Bourcier, Baron de Montureux et de Mervaux**, officier au régiment de Royal-Cavalerie, second fils de Jean-Louis de Bourcier et de Marguerite-Françoise de Barrois, épousa Anne-Gabrielle de Millet Baronne de Chevers, fille de Messire Claude-Abraham de Millet Baron de Chevers, président de la Chambre des Comptes de Lorraine, et de Anne-Charlotte Lefebvre de Saint-Germain, de laquelle il eut

1° Claude-Léonard qui suit.

2° Anne, mariée à Charles-François-Xavier Comte Lefebvre de St-Germain, son oncle à la mode de Bretagne, capitaine de cuirassiers au service de l'empereur.

XVI. Claude-Léonard **Comte de Bourcier de Montureux**, capitaine au régiment de Chartres Dragons, émigré en 1791, officier dans l'armée des Princes, chevalier de Saint-Louis, puis après la Révolution, chef de bataillon et chevalier de la Légion d'honneur, mort à Nancy en 1822, épousa Adelaïde de Ficquelmont, fille du comte de Ficquelmont et de Mlle de la Marche (1), dont il eut :

1° Arthemise, mariée à François de Villé-

(1) Cette famille de Ficquelmont faisait partie du corps de l'ancienne chevalerie de Lorraine, où elle occupa les plus hautes charges. Mademoiselle de Ficquelmont avait un frère ambassadeur d'Autriche en Russie, qui fut l'un des plénipotentiaires autrichiens qui négocièrent avec Bonaparte le traité de Campo-Formio et dont la fille épousa le prince de Clary et Adringen.

neuve-Bargemon Marquis de Trans (1), dont elle eut deux filles, la Comtesse de Brosses (2) et la Comtesse de Bogaiewsky, et un fils, Hélion de Villeneuve-Trans, tué devant Sébastopol, le 24 juillet 1355.

2° Clémentine, mariée au Marquis le Salteur de La Serraz.

Branche des Bourcier de Bathlémont.

XV. Louis, **Comte de Bourcier**, chevalier, seigneur de Villers-en-Haye, de Manonville et d'Houdemont, capitaine d'infanterie, chevalier de Saint-Louis, épousa par contrat passé à Houdemont, le 13 février 1759, Marie-Anne, née Baronne de Sorreau, fille de Louis Bernard, Baron de Sorreau, chevalier, seigneur de Houdemont, et de Marie-Anne de Michault, dont il eut :

1° Charles, qui suit.

2° Jean-Jacques-Louis, marié à Mademoiselle Huyn de Vernéville, dont un fils, Louis, sans alliance.

(1) Louis-François de Villeneuve-Bargemon, Marquis de Trans, né à Saint-Auban (Var), le 8 août 1784 (fils de Joseph de Villeneuve, Chevalier Marquis de Bargemon, Seigneur de Verclause, Saint-Auban... etc., et de Anne-Joseph-Sophie de Bausset-Roquefort), Chevalier de Malte, de la Légion d'Honneur, Gentilhomme honoraire de la Chambre du roi Charles X, agrégé à un grand nombre de sociétés savantes, mort à Nancy, en 1850.

(2) La Comtesse de Brosses a eu comme enfants : 1° le Comte de Brosses, marié à Mademoiselle d'Ailly, de laquelle il a sept enfants. 2° La Vicomtesse Raoul de Saint-Seine. 3° La Vicomtesse de Kerret.

XVI. Charles, **Comte de Bourcier,** officier de chevau-legers, chevalier de Saint-Louis, né le 30 janvier 1760, mort le 6 octobre 1832, épousa le 4 mai 1795, Mademoiselle de Lescure, dont il eut un fils, Charles Louis dit Ludovic, qui suit.

XVII. Ludovic, **Comte de Bourcier,** garde du corps de Sa Majesté le roi Louis XVIII, né le 23 mai 1796, mort le 14 février 1884, épousa le 2 septembre 1822, Almodie de Palis, fille de François comte de Palis, colonel de cavalerie, chevalier de Saint-Louis et de Emile de Castanet, marquise de Tauriac, dont il eut un fils, Charles, qui suit, et une fille, Marie Caroline, née le 25 décembre 1833, morte le 17 avril 1844.

XVIII. Charles, **Comte de Bourcier,** né le 25 mai 1827, épousa le 11 septembre 1855, Marie de Bouvet, fille du baron de Bouvet et de Pauline de Wagnonville, dont il eut :

1° Georges, qui suit.
2° Caroline.

XIX. Georges, **Comte de Bourcier,** né le 1er août 1856, a épousé, en 1888, Mademoiselle de Wangen de Géroldseck (1).

(1) La Maison de Wangen de Géroldseck est une des plus anciennes d'Alsace. Elle faisait partie de la noblesse immédiate de l'empire. Elle a fourni un prince évêque de Bâle, des évêques de Strasbourg, des chevaliers de Malte et des chanoinesses aux chapitres nobles d'Andlau, de Remiremont et de Bouxières, des présidents du Directoire de la Noblesse de la Basse-Alsace.

Voir La Chesnaye-des-Bois (*Dictionnaire de la Noblesse*). — Saint-Allais (*Nobiliaire de France*). — Auguste Digot (*Éloge historique de Jean-Léonard Bourcier*). — Lionnois (*Histoire des villes vieille et neuve de Nancy*). — Jean Cayon (*Ancienne chevalerie de Lorraine*, notice-préface). — *Histoire de Languedoc*, de Dom Vaissette. — *Histoire de l'Infanterie française*, du général Suzanne. (Voir *Le Régiment de St-Aunez*, levé le 24 janvier 1632, par Henri de Bourcier de Barry, marquis de St-Aunez, licencié en 1648 après la campagne d'Espagne.) — *Histoire de Montpellier*, par d'Aigrefeuille. — *Mémoires du maréchal de Bassompierre*, édition du Marquis de Chanterac, 1878. — *Historiettes*, de Tallemant des Réaulx annotées par Monmerqué et Paulin Paris. — *Histoire des princes de Condé*, par Mgr le Duc d'Aumale, etc., etc.

TABLE DES MATIÈRES

CHAPITRE I

Origine des Bourcier. — Les Bourcier du Béarn. — Madame de Bourcier. — La défense de Leucate. — Bourcier de Saint-Aunez — Sa vaillante conduite au siège de La Rochelle. — Il dégage Leucate. — Est nommé maréchal de camp. — Tombe dans la disgrâce du prince de Condé et de Richelieu. — Le prince de Condé veut l'obliger à céder le gouvernement de Leucate. — Résistance désespérée de Bourcier. — Son entretien avec le prince. — Bourcier, arrêté, déclare qu'il se fera tuer plutôt que de rendre son épée. — Embarras du prince de Condé. — Bourcier finit, sur la vue de l'ordre exprès du roi, par consentir à la reddition de Leucate. — Il passe aux Espagnols et prend part avec eux à la prise de Salces. — Le prince de Condé lui offre sa grâce. — Bourcier refuse. — Défaillances du patriotisme à cette époque. — Bourcier remporte de grands succès pour le compte de l'armée ennemie. — Richelieu meurt. — Mazarin offre son abolition à Bourcier. — Celui-ci accepte et rentre en France. — Il est très bien reçu à la cour. — Sa conversation avec Anne d'Autriche à Rueil. — On lui rend Leucate. — Nouvelle disgrâce. — Bourcier en prison. — A sa sortie de prison, il passe de nouveau dans l'armée espagnole. — On le grâcie encore une fois. — A la paix des Pyrénées, il commande en chef l'armée de Catalogne. — Il se lie avec Fouquet. — Il est mis à la Bastille. — Sorti de prison, il s'établit à Madrid. — Ses démêlés avec La Feuillade. — Son insolence envers Louis XIV. — Il meurt à Madrid. — Ses fils ne laissent pas d'enfants. — Sa fille hérite des manuscrits où Bourcier de St-Aunez a raconté ses aventures 5

CHAPITRE II

Les Bourcier de Bourgogne et de Lorraine. — Pierre de Bourcier, seigneur de Burlémont, tué à la bataille de Nancy. — Raymond de Bourcier, comte d'Yrpo. — Le baron de Fez. — Jean de Bourcier, le fils aîné du baron, s'établit en Espagne. — Claude, fils cadet du seigneur de Fez, se fixe à Neufchâteau. — Il épouse Alison Cachet. — N'ayant pu dans l'année faire la preuve littérale de sa noblesse d'origine, vu la difficulté de retrouver ses titres, il se fait anoblir (6 septembre 1571), devient greffier en chef au bailliage des Vosges. — Jean de Bourcier, petit-fils de Claude. — Ses débuts pénibles. — Il revient d'Italie où il était allé faire ses études et trouve sa maison déserte. — Son père et sa mère morts de la peste. — Il se fait anoblir de nouveau. — Il remplit les fonctions de lieutenant-général du bailliage. — Sa conduite prudente — Les services qu'il rend. — Il est arrêté par une bande de brigands dans la forêt de Haie. — Comment il est relâché. — Son humeur plaisante. — Sa réponse à Charles IV. — Il a l'honneur de recevoir dans sa maison, à Vézelise, la future duchesse de Lorraine. — La souris blanche. — La mort de Jean Bourcier. 35

CHAPITRE III

Jean-Léonard de Bourcier de Montureux, second fils de Jean de Bourcier (1649). — Sa vie écrite par son fils. — L'ouvrage imprimé a été détruit par son auteur. — Un seul exemplaire reste à la bibliothèque de Nancy. — Jean-Léonard fait ses études à Pont-à-Mousson. — Il suit à Lyon le cours de théologie, sous la direction du père La Chaise. — Il reçoit la tonsure. — Son père exige qu'il renonce à la carrière ecclésiastique. — Il se fait recevoir avocat. — Il est enrôlé de force et obtient sa radiation du service. — Il est arrêté dans les Pays-Bas. — Il revient en Lorraine. — Les succès de Bourcier comme avocat au Parlement de Metz. — Il confond un de ses adversaires du barreau. — Il épouse Anne Boulet........................ 47

CHAPITRE IV

Bourcier est nommé par Louis XIV, procureur général du Grand-Duché de Luxembourg (1694). — Il apprend l'allemand. — Le pèlerin de St-Jacques. — Les filleuls du roi aux galères. — Singulière superstition de M. de Toustain, sa maladie, sa guérison. — Jean-Léonard de Bourcier est envoyé en Italie par le duc Léopold. — Sa terreur à Lorette. — Caractère timide de Bourcier. — Peur que lui cause la mer. — Se montre très ferme cependant quand son devoir l'exige. — Le prêtre criminel........................ 59

CHAPITRE V

Le congrès d'Utrecht. — Embarras de Léopold. — Bourcier est envoyé, avec le titre de baron de Moineville, au congrès. — Il emmène son fils avec lui. — Sa vie sérieuse. — Il succombe cependant, une fois, à la tentation du jeu. — Sa perte et son repentir. — Projet de mariage pour le jeune Bourcier. — L'héritière hollandaise. — Jean-Léonard oblige son fils à renoncer à cette union. — Le jeune homme part pour l'Angleterre. — Jean-Léonard veut s'opposer à ce voyage — Le jeune Bourcier revient à Paris. — La comédie qu'il joue à son père. — Inquiétudes du procureur-général. — Son voyage. — Le fils repentant s'établit à Nancy. — Son mariage 75

CHAPITRE VI

La petite vérole au XVIIIe siècle. — Le duc de Lorraine perd, par suite de cette maladie, deux de ses frères et trois de ses enfants. — Douleur et remords de Léopold. — Singulière mission qu'il confie à Bourcier 105

CHAPITRE VII

Mademoiselle de Bourcier entre au couvent en dépit de l'opposition de son père. — Piété de toute cette famille. — Le frère du procureur-général, doyen du Chapitre de Saint-Mihiel. - Remède héroïque auquel il a recours pour éviter un scandale. — Le duc nomme Bourcier premier président du Parlement de Nancy (1721). — Résistance de Bourcier. — Il est contraint de céder. — Bons mots de Jean-Léonard. — Sa querelle avec la marquise de Bayon. — Ses démêlés avec l'évêque de Toul, Mgr de Bissy. — Il fait un poème satirique contre l'évêque. — Maladie de Bourcier. — Il rappelle son fils d'Italie. — Sentiments religieux du mourant. — Ses terribles souffrances. — Son peu de confiance dans la médecine. — Sa mort édifiante. — Son testament illégal. — Il enjoint à son fils de ne jamais accepter les fonctions de premier président, et comme témoignage solennel de cette volonté, il ordonne qu'on vende à l'encan sa robe et son bonnet de premier président.......................... 113

CHAPITRE VIII

Convenance de dire quelques mots de l'auteur des Mémoires. — Jean-Louis de Bourcier de Montureux soumis aux volontés de son père. — Jean-Louis demeure procureur-général toute sa vie. — La Lorraine est cédée à la France. — Négociations qui précédèrent la réunion des duchés. — François mande à Vienne le procureur-général. — Vive opposition de celui-ci à la signature du traité. — Bourcier très mal reçu par la chancellerie autrichienne. — Le duc François, lui-même, est irrité. — Bourcier en disgrâce. — Cependant le duc lui rend justice et veut suivre ses conseils. — Marie-Thérèse l'emporte. — Bourcier demande son congé. — Il l'obtient avec peine. — Avant de partir, il veut assister au dîner de l'empereur. — Celui-ci, qui déteste Bourcier, veut le faire expulser de la salle. — Retraite prompte et prudente du procureur-général. — Bourcier est reçu avec insolence par le premier ministre, M. de Zinzendorff. — Dédommagement du côté de l'impératrice, très opposée au traité. — Touchante audience de départ de François et de Marie-Thérèse. — Leur amabilité pour leur dévoué serviteur. — Bourcier revient à Nancy. — La Lorraine est indignée. — Factum contre le traité. — Le procureur-général requiert contre l'auteur *anonyme* que l'écrit soit brûlé par la main du bourreau. — Il es soupçonné d'être l'auteur lui-même. — Noble discours de Bourcier à la séance du Parlement de Lorraine, convoqué pour la prestation du serment de fidélité au roi de France.............................. 145

APPENDICE. Extraits de divers auteurs relatifs à la vie de Saint-Aunez.............................. 167

Lettres patentes du duc Charles IV, datées de 1669, établissant la parenté des Bourcier de Lorraine avec ceux du Languedoc et leur droit de porter les titres et les armes des comtes d'Irpo.............. 171

Généalogie des Bourcier.............................. 181

Nancy, imp. de R. Vagner.

www.ingramcontent.com/pod-product-compliance
Ingram Content Group UK Ltd.
Pitfield, Milton Keynes, MK11 3LW, UK
UKHW020549180726
13838UKWH00001B/142

9 782329 390505